Michel Cymes

Dr. Good! KIDS

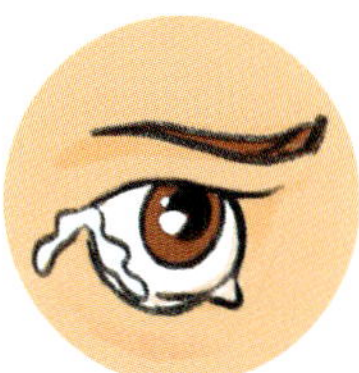

Le GRAND LIVRE des POURQUOI

300 questions et leurs réponses

Gründ

Le SOMMAIRE

[CORPS HUMAIN]

ESPACE

SPORTS et JEUX

SENS et ÉMOTIONS

ANIMAUX

HISTOIRE

NATURE

TECHNO

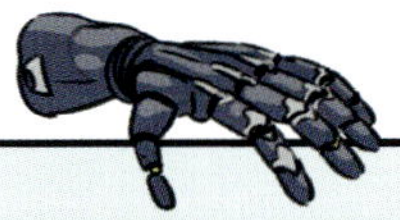

VIE QUOTIDIENNE

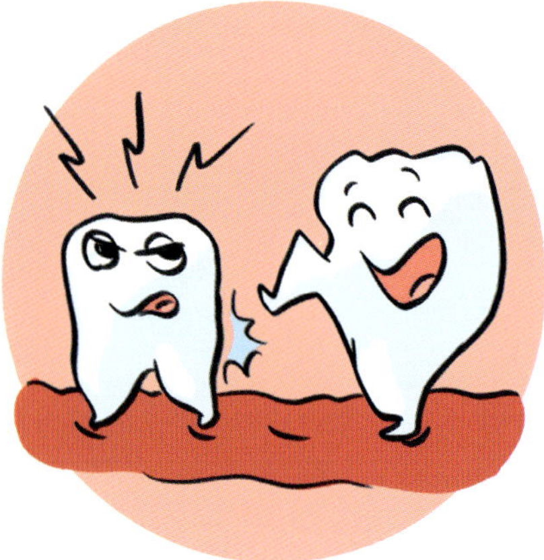

Pourquoi ça ne fait pas mal de couper les **cheveux** ou les **ongles** ?

Pourquoi les **larmes** sont-elles salées ?

[CORPS

HUMAIN

Explore le corps humain des pieds à la tête !
Le cœur, la mémoire, les taches de rousseur,
les dents… Tu vas tout connaître sur le bout des doigts !

Combien a-t-on de **cheveux** sur la tête ?

Environ 120 000 cheveux ! Cela représente 200 cheveux sur une zone grande comme ton ongle. Il semble que le nombre de cheveux du crâne dépende de leur couleur : les blonds en ont plus, jusqu'à 150 000, et les roux plutôt moins, autour de 90 000. Un cheveu ne reste pas sur la tête toute notre vie. On en perd une centaine par jour, et chaque cheveu tombe naturellement au bout de 4 ans, laissant la place à un nouveau.

*Est-ce que les trous de **mémoire** sont des creux dans le cerveau ?*

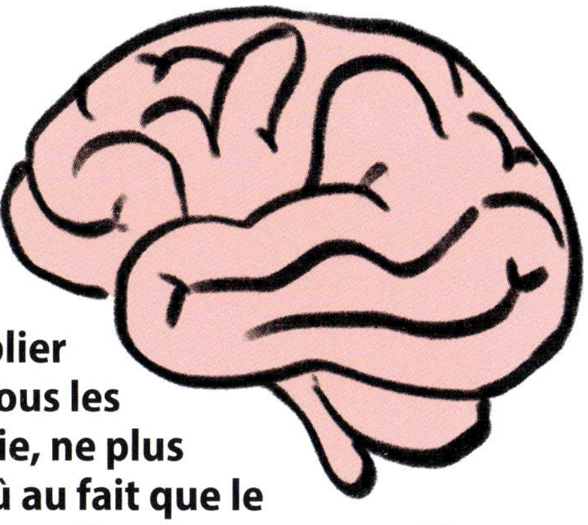

Bien sûr que non ! Ce qu'on appelle un trou de mémoire, c'est le fait d'oublier certaines choses. Cela peut arriver à tous les âges. Chercher un mot dans une poésie, ne plus savoir où on a rangé ses clés… C'est dû au fait que le cerveau n'arrive pas à retrouver l'information dans toutes celles qu'il stocke. En général, ça finit par revenir : à force de chercher, notre cerveau trouve des indices qui le remettent sur la piste.

Pourquoi ne se souvient-on pas de sa naissance ?

Avant l'âge de 2 ou 3 ans, notre mémoire n'est pas organisée pour stocker ce type de souvenirs d'un événement qui n'arrive qu'une fois. On ne se rappelle donc ni sa naissance ni ses premiers mots... Ce qui n'empêche pas notre cerveau de stocker un maximum d'informations dans d'autres compartiments de la mémoire, dès notre naissance : on apprend, à force d'essais et de répétitions, à marcher, à parler, à reconnaître les gens, les couleurs...

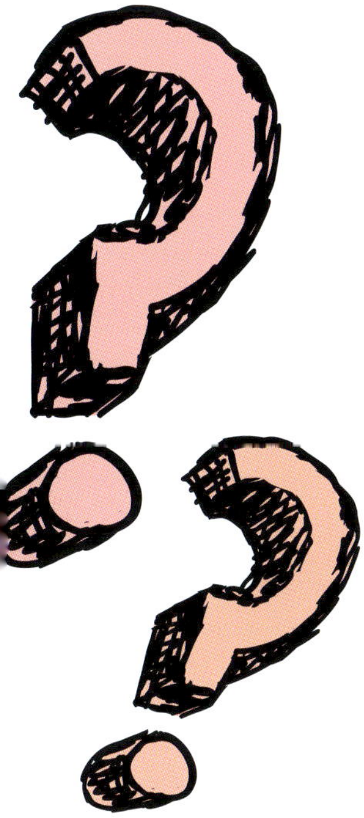

Est-ce que chaque côté du cerveau dirige chaque côté du corps ?

Oui ! Mais le côté (ou hémisphère) droit du cerveau ne dirige pas le côté droit du corps ! Cela peut paraître étonnant, mais le côté droit du cerveau gère en grande partie le côté gauche du corps, et vice-versa. Donc quand tu lèves la main gauche en classe, c'est la partie droite de ton cerveau qui a lancé l'action !

Pourquoi les enfants doivent-ils se coucher plus tôt que les adultes ?

Parce que bien grandir exige de beaucoup dormir ! Eh oui : pour un enfant comme toi, c'est pendant le sommeil que les os grandissent le plus, que la mémoire s'organise (tu apprends tes leçons en dormant !), que les défenses contre les microbes se renforcent... Bref, la nuit, tout ton corps et ton cerveau reprennent des forces, indispensables à ta croissance. À 10 ans, c'est 10 heures de sommeil pour être en forme !

Pourquoi voir **bâiller** *donne envie de bâiller ?*

Il semble que le bâillement soit déclenché par ce qu'on appelle les neurones miroirs. Ce sont des cellules du cerveau qui réagissent à ce que font les autres, aux émotions qu'ils ressentent. Du coup, lorsque quelqu'un bâille, les neurones miroirs nous poussent à nous mettre à sa place : on l'imite sans pouvoir s'en empêcher !

Pourquoi ronfle-t-on ?

Le ronflement est un bruit qui se produit la plupart du temps au moment de l'inspiration. Le passage de l'air est rétréci dans la gorge du ronfleur, à cause de la langue et des parties molles du palais qui s'affaissent pendant le sommeil. Du coup, l'air les fait vibrer comme des rideaux en plein vent et cela cause le ronflement... ou la ronchopathie comme on l'appelle aussi !

Zzzz

Pourquoi ne faut-il pas réveiller un **somnambule** ?

Parce que ça ne ferait que l'effrayer, et qu'il pourrait se montrer agressif ou se blesser, ne comprenant pas ce qui se passe. Un somnambule est une personne endormie, mais dont une partie du cerveau, éveillée, peut faire des mouvements : s'assoir, marcher, ouvrir une porte... Cela peut être dangereux pour lui, car il peut chuter dans les escaliers, se taper la tête... Le mieux, quand on croise un somnambule, est de le reconduire dans son lit, en sécurité. Il s'y rendormira complètement et ne s'en souviendra pas le lendemain.

Nos rêves racontent-ils ce qui va nous arriver dans le futur ?

Absolument pas ! Les rêves sont plutôt construits avec ce que nous avons vécu, donc à partir de notre passé. Ils nous aident probablement à mémoriser et mieux gérer les émotions produites par un événement. Et lorsque ce sont des cauchemars évoquant ce qui nous fait peur et ne s'est heureusement pas produit ? Peut-être est-ce un moyen de nous préparer à mieux les affronter un jour, dans la vraie vie, si cela arrive.

Les **ongles des pieds** poussent-ils autant que ceux des mains ?

Non ! Les ongles des pieds poussent deux fois moins vite que ceux des mains ! Ils s'allongent seulement de 1 à 2 mm par mois, tandis que ceux des mains gagnent 2 à 3 mm. Et il semble que les ongles de la main dominante (droite pour un droitier, par exemple) poussent un peu plus vite que ceux de l'autre main ! Enfin, ceux des hommes poussent aussi un peu plus vite que ceux des femmes.

Pourquoi ça ne fait pas mal de couper les cheveux ou les ongles ?

Parce qu'ils sont faits seulement de kératine, une matière dure et insensible. Il n'y a pas de nerfs dans les ongles et les cheveux. Or ce sont les nerfs qui captent nos sensations et font voyager l'information jusqu'au cerveau. Grâce à eux, on sait que ça pique, que ça gratte... ou que ça coupe. Aucun risque donc chez le coiffeur quand les ciseaux approchent, on ne sent rien. Ouf !

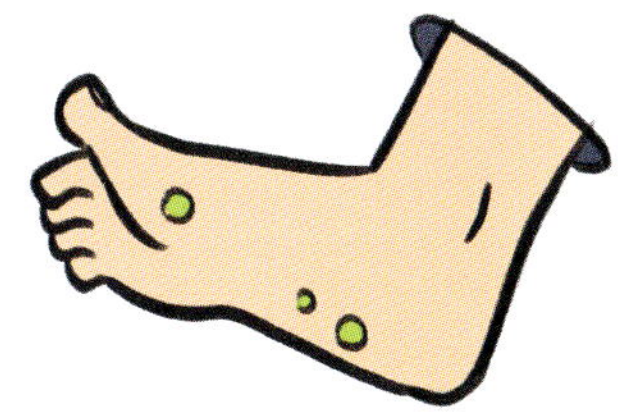

Où vivent les verrues avant de se coller aux pieds ?

Nulle part ! Les verrues sont des surplus de la peau. En revanche, il est vrai qu'elles sont causées par un virus qui s'installe sous la peau. On peut attraper ce virus n'importe où : dans une salle de sport ou à la piscine, par exemple. Les verrues ne sont pas graves, mais peuvent gêner, comme lorsqu'elles sont placées sous les pieds.

Qu'est-ce qu'il y a dans une **ampoule** ?

Une ampoule est une petite cloque qui se forme sur la peau, généralement à cause de frottements répétés, dans une chaussure ou sur un outil. C'est une réaction de défense de la peau, rouge et agressée : la couche du dessus se détache et un liquide clair remplit la cloque, qui crée comme un coussin pour protéger la partie inférieure de la peau. Ce liquide est fait d'une partie incolore du sang, qu'on appelle le plasma.

Nos doigts ont-ils les mêmes empreintes digitales ?

Non !

Chaque doigt a une empreinte unique, et ces 10 empreintes sont uniques pour chacun d'entre nous ! Les jumeaux n'ont pas les mêmes empreintes. Les scientifiques ont même calculé que le risque que deux personnes aient la même empreinte est seulement de...1 sur 64 milliards !

Pourquoi a-t-on **soif** ?

Parce qu'on n'a pas assez bu ! La soif est un signal d'alerte du corps pour obliger à aller boire rapido. Car l'eau est vitale pour l'organisme, elle en est l'ingrédient principal. Le corps d'un enfant de 40 kg, par exemple, abrite 24 kg d'eau ! Alors évite la soif et n'oublie pas de boire ! Sache que manger des aliments très salés ou sucrés augmente la soif, faire du sport ou avoir de la fièvre aussi.

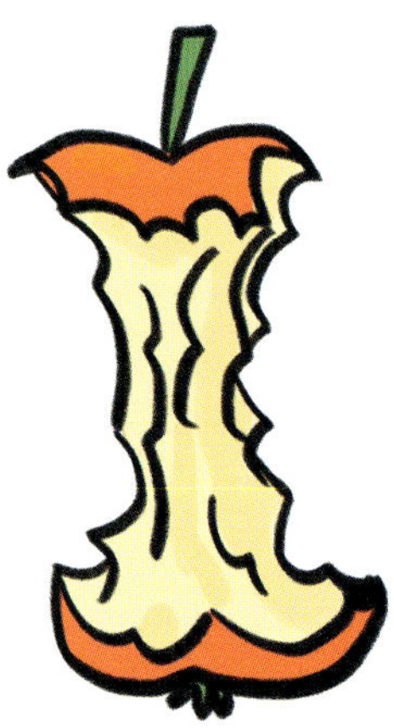

Combien de temps met-on à digérer une pomme ?

La digestion des aliments est un long parcours dans le corps, qui peut prendre au total 2 à 4 jours ! Les fruits, comme la pomme, sont en général plus vite digérés. On estime qu'en moins d'une heure les restes des morceaux de pommes sont déjà sortis de l'estomac et que le corps a prélevé un maximum d'énergie dedans. Mais il faudra encore des heures avant que les déchets soient éjectés par l'anus.

*Pourquoi l'***estomac** *n'est-il pas attaqué par l'acide qui est dedans ?*

Parce que les parois de l'estomac ne fabriquent pas seulement 1,5 l d'acide par jour pour digérer tous les aliments qu'on avale. Les parois sécrètent en même temps un mucus, une sorte de gel, qui résiste à l'acide de l'estomac et les protège. Heureusement : l'acide de l'estomac est si puissant qu'il pourrait abîmer un clou !

Que recouvriraient les intestins si on les dépliait du ventre ?

Un petit appartement

C'est dingue ! Eh oui : les intestins d'un adulte mesurent environ 5 mètres de long (tassés dans le ventre !). Leurs parois cachent des milliers de plis et de replis... Au final, si on étendait tous ces mini-recoins, les intestins s'étireraient sur une surface de 30 à 40 m^2... la taille d'un petit appartement !

Comment parlent les ventriloques ?

Ventriloque veut dire « qui parle avec le ventre ». Ce n'est pas tout à fait juste car les ventriloques, comme tout le monde, produisent des sons grâce aux vibrations de leurs cordes vocales, situées dans le larynx, entre la gorge et l'œsophage. Seulement, ils parviennent à le faire sans ouvrir la bouche ni bouger les lèvres ! Ils maîtrisent à la fois leur souffle et la position de leurs cordes vocales pour qu'elles vibrent et fassent des sons différents (a, e, i...) lorsqu'ils expirent l'air de manière contrôlée.

Pourquoi la **piqûre du moustique** gratte-elle si fort ?

Lorsque le moustique (la femelle seulement) pique la peau, il injecte avec sa trompe un produit anesthésiant pour que sa victime ne sente rien. Cette substance issue de sa salive empêche aussi notre sang de coaguler, de sécher en quelque sorte, pour que le moustique puisse bien l'aspirer. Le hic ? Cette salive provoque une réaction irritante pour nous... et ça gratte fort !

*Quel est le **muscle** le plus puissant du corps ?*

C'est le muscle grand glutéal, aussi appelé grand fessier. C'est lui qui donne sa forme à la fesse ! Ce muscle est le plus gros du corps humain et considéré aussi comme le plus fort. Les deux muscles grand fessier nous permettent de tenir debout et de ne pas tomber quand nous passons d'une jambe à l'autre.

D'où viennent les rides des grands-parents ?

Disons que les rides sont les années qui s'impriment sur le visage… En fait, en vieillissant, la peau se dessèche et devient moins élastique. Lorsqu'on rit, qu'on fronce les sourcils, qu'on parle, la peau bouge mais revient moins bien en place. Du coup les traits se marquent et se creusent au fil du temps. La peau ride… comme une pomme oubliée dans un panier !

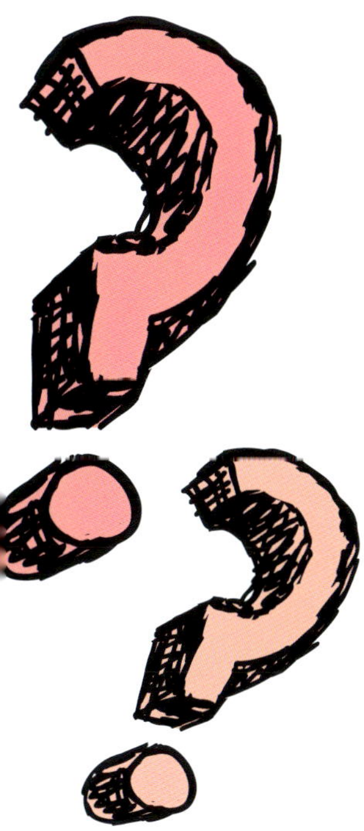

Combien a-t-on d'os dans le corps ?

Ça dépend de l'âge ! Eh oui : un bébé, à la naissance, a 305 os environ. En grandissant, un bon nombre de ces os vont se souder entre eux, comme ceux du crâne par exemple. Du coup, une fois adulte, le squelette se compose de 206 os ! La moitié se situe… dans les mains et les pieds !

D'où viennent les **taches de rousseur** ?

Elles apparaissent sous l'effet du soleil. On peut en voir sur les peaux des blonds, des roux, parfois des châtains clair. Ces petites taches sont causées par la mélanine, une substance qu'on a dans la peau. Plus exactement, il existe deux sortes de mélanine : l'une d'elles, plus présente dans les peaux claires, les colore justement de taches marron-roux pour se défendre des rayons du soleil. L'autre mélanine, plus présente dans les peaux foncées, est responsable de leur bronzage sur tout le corps l'été.

Comment un os cassé se recolle-t-il ?

Il le fait tout seul, naturellement !

En posant un plâtre, on veille à ce que l'os guérisse bien droit. Pour le reste, le corps fabrique d'abord de nouveaux vaisseaux sanguins puis de l'os autour, à l'endroit où il y a eu cassure. Cette soudure s'appelle un cal osseux et se fait en 2 à 3 mois. Selon la blessure et le type d'os, environ 6 à 12 mois plus tard, l'os est comme neuf !

Qu'est-ce que la chair de poule ?

La chair de poule, c'est une réaction de défense face au froid : la peau devient granuleuse, un peu comme celle des poules, et se hérisse de poils. En se redressant, les poils créent une couche d'air piégée entre eux pour isoler la peau du froid extérieur. Même si on explique moins bien pourquoi, la peur peut aussi déclencher la chair de poule.

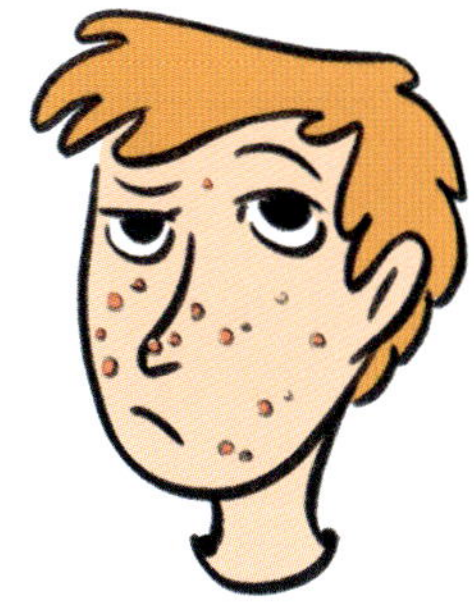

C'est quoi l'acné ?

C'est le nom qu'on donne aux petits boutons qui apparaissent sur le visage, souvent à l'adolescence. On pense qu'ils sont liés aux grands changements qui se produisent dans le corps à cet âge-là : la peau fabrique alors trop de sébum, une susbtance grasse qui la protège d'habitude. Cela crée des bouchons dans les pores (les petits trous) de la peau et s'ils infectent, des boutons d'acné apparaissent.

Pourquoi a-t-on parfois des fourmis dans les **jambes** *?*

Rien à voir avec l'insecte bien sûr... Il s'agit d'une sensation de fourmillement, qui est un signal du corps pour dire : attention, il faut bouger ! Cette sensation se produit lorsque la circulation du sang se fait mal, parce qu'on est resté trop longtemps dans la même position, comprimé. Il faut alors bouger, marcher, pour rétablir la bonne circulation du sang et chasser les fourmis !

Pourquoi les **bleus** sont-ils bleus ?

À dire vrai, les bleus passent un peu par toutes les couleurs (bleu, vert, jaune...) le temps de guérir. Les bleus se créent lors d'un choc, qui fait éclater de mini-vaisseaux sanguins : le sang se répand dans la peau et lui donne de suite sa teinte rouge-violet. Puis le travail de réparation du corps commence. L'hémoglobine, qui donne sa couleur rouge au sang, est éliminée d'abord, le bleu vire au bleu. Puis au vert et au jaune, lorsque l'évacuation des restes du choc se poursuit... jusqu'à disparition totale.

Pourquoi les veines sont-elles bleues sous la peau alors que le sang est rouge ?

Les veines semblent bleues plutôt que rouges car la peau joue un rôle de filtre des couleurs. Elle a tendance à bloquer justement les couleurs rouges et, alors que les veines et le sang sont bien de cette couleur, nous les voyons plus bleus qu'en réalité.

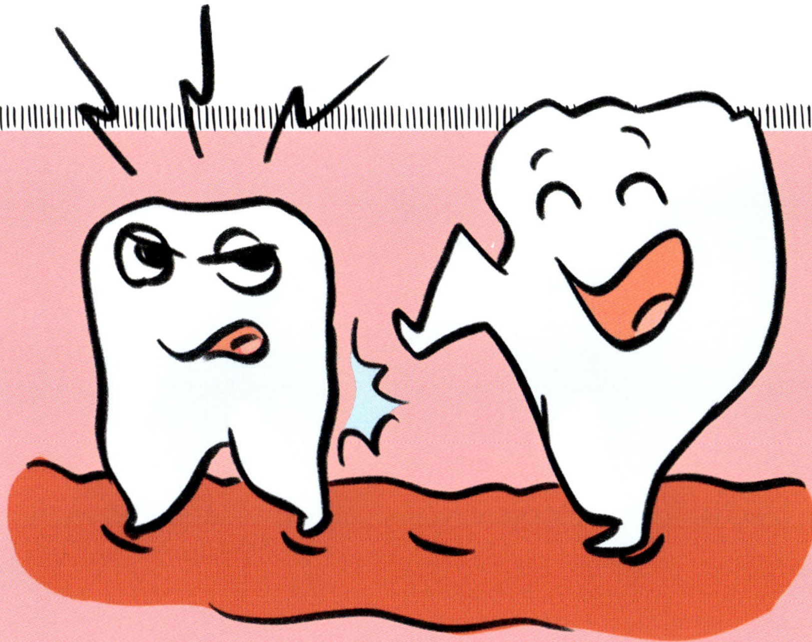

Pourquoi les dents de lait tombent-elles ?

Parce que des dents définitives poussent dessous et prennent leur place ! Les enfants ont 20 dents provisoires, les dents de lait, qui poussent à partir de 6 mois. Elles sont petites et adaptées à la taille de la mâchoire des enfants, adaptées à ce qu'ils mangent aussi : lait, compotes ou purées au début. Les dents de lait commencent à tomber vers l'âge de 6 ans.

Où se trouve le cœur ?

Au centre de la poitrine

Eh non, le cœur n'est pas sur la gauche ! On a tendance à le placer toujours à cet endroit dans la poitrine, mais il est situé au centre du torse, en prenant, il est vrai, un peu plus de place vers la gauche que vers la droite.

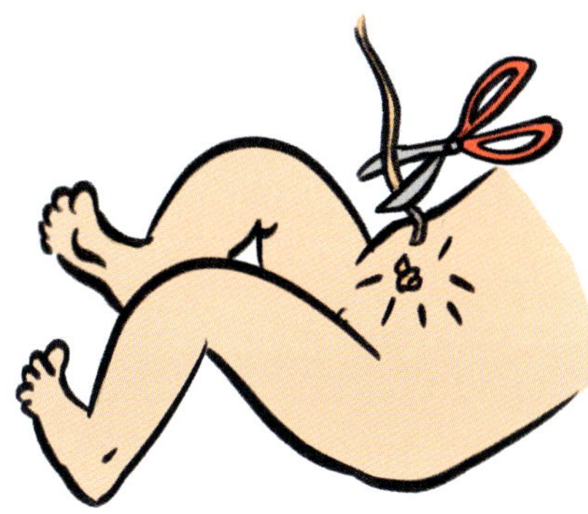

Comment s'est formé le **nombril** ?

Il est le souvenir des 9 mois passés dans le ventre de sa mère avant la naissance ! Car le cordon ombilical, qui relie la mère à l'enfant et l'alimente, était accroché au niveau du nombril du bébé. Juste après l'accouchement, les médecins le coupent. La cicatrice qui reste, ensuite, c'est le nombril. Certains sont en creux, d'autres en bosse, chacun le sien (les jumeaux n'ont pas le même) !

[CORPS HUMAIN]

Est-ce qu'on éternue aussi vite qu'une voiture roule sur l'autoroute ?

Non ! On l'a longtemps cru, mais des mesures plus précises réalisées au début des années 2010 montrent qu'on éternue à 50 km/h maximum. C'est la vitesse d'une voiture, oui, mais en ville ! Cela suffit néanmoins à envoyer des gouttelettes (et leurs microbes, surtout en cas de rhume !) jusqu'à 9 m devant soi… donc partout dans la pièce ! Alors on éternue dans le coude ou dans un mouchoir !

D'où vient le **hoquet** ?

Ces petits hics répétés qui s'arrêtent tout seuls au bout de quelques minutes sont dûs à des contractions (des sursauts en quelque sorte) du diaphragme, le muscle situé en dessous de nos poumons. Les causes de ce hoquet ne sont pas bien connues : il peut survenir après un fou rire, un repas avalé trop vite ou trop épicé, un stress parfois… Quant aux remèdes pour le faire passer (un verre d'eau sans respirer entre autres), ils ne sont pas garantis !

Combien d'air respire-t-on chaque jour ?

12 000 litres

Cela correspond à la moitié d'un petit camion-citerne ! À chaque respiration, on aspire puis rejette environ 0,5 l d'air. Mais on ne vide pas nos poumons en fait : il reste en permanence dedans 1 à 1,5 l d'air, de quoi remplir une grande bouteille !

Pourquoi a-t-on tous des **voix** différentes ?

La voix dépend des cordes vocales, qui sont différentes d'une personne à l'autre : leur taille, leur épaisseur, leur façon de vibrer... influencent le passage de l'air et donc les sons qui seront produits en parlant ou chantant. La forme de la bouche et de la gorge aussi comptent, ainsi que l'âge. La voix est tellement unique pour chacun qu'on peut la comparer aux empreintes digitales. Il est d'ailleurs possible de reconnaître une personne à son empreinte vocale !

Est-ce que l'air qu'on inspire est le même que celui qu'on rejette ?

Eh non ! Dans le corps, l'air suit un circuit bien balisé, qui ressemble à un arbre inversé : il entre par le nez et la trachée (le tronc) puis dans les bronches (les branches) et les alvéoles (les feuilles). Les poumons abritent 300 millions de ces alvéoles, qui vont assurer les échanges entre l'air et le sang. Lors de l'inspiration, l'air donne son oxygène au sang. Ce dernier décharge en échange du dioxyde de carbone, un déchet du corps, qui repart avec l'air expiré. L'air qui sort contient donc moins d'oxygène et plus de dioxyde de carbone que celui qui est entré.

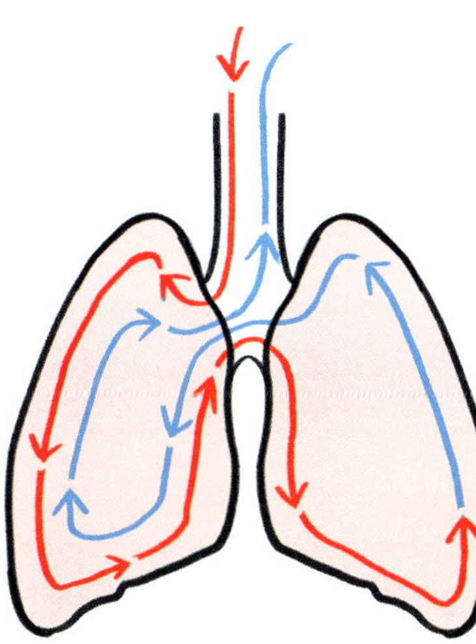

Pourquoi la **sueur** pue-t-elle ?

Non, la sueur n'a pas d'odeur ! En tout cas, la sueur toute fraîche ne sent pas mauvais naturellement. Ce sont des bactéries, des êtres vivants microscopiques, qui causent les mauvaises odeurs quand on transpire. Ces bactéries, qui vivent sur notre peau (pas de panique, c'est normal !), se nourrissent de la sueur et rejettent à la place d'autres substances... qui puent ! Ces odeurs sont particulièrement marquées à l'adolescence, quand le corps se transforme.

Est-ce que la cire d'oreille est sale ?

La cire d'oreille, qu'on appelle aussi cérumen, est composée essentiellement de graisse. Elle n'est pas sale lorsque le corps la fabrique, mais des poussières, des saletés... viennent forcément s'y coller. Car le cérumen agit comme une barrière désinfectante naturelle et empêche ainsi les microbes d'entrer dans l'oreille. Merci la cire !

D'où viennent les pets ?

De la digestion

Les pets (ou flatulences) sont fabriqués pendant la digestion, dans le gros intestin. Ce sont des déchets de la transformation des aliments, comme les restes solides qui deviendront des crottes. Tous sont évacués par l'anus, au final. On fait environ une quinzaine de pets par jour, même si on ne s'en aperçoit pas toujours !

*Pourquoi l'***urine** *est-elle jaune ?*

Parce qu'elle contient de l'urobuline, qui est un pigment jaune. L'urobuline est produite par le corps pendant le nettoyage du sang, lorsqu'il est filtré par les reins. Elle est ensuite évacuée dans l'urine, à laquelle elle donne sa couleur. Son jaune peut devenir très foncé, si on ne boit pas assez d'eau pour la diluer.

Où se fabrique la morve ?

La morve, qu'on appelle aussi mucus nasal, est fabriquée par les parois du nez en permanence. Sa mission ? Nettoyer le nez et empêcher des saletés, des poussières, des microbes... de pénétrer dans les poumons en même temps que l'air qu'on respire. La morve les piège puis les évacue, direction la gorge et l'estomac. On avale ainsi sans le savoir 1 l de morve par jour pour garder les poumons propres !

Attrape-t-on un rhume en marchant pieds nus ?

Non ! Ce sont des virus qu'on respire dans l'air, par le nez, qui donnent le rhume. Ils provoquent des maux de tête, de la toux, parfois de la fièvre... et surtout un gonflement des parois du nez : il se bouche et coule. Le mot rhume vient d'ailleurs du latin *rheuma*, qui veut dire « flux de la mer » ou « écoulement » ! Évite quand même de marcher pieds nus dans la neige : quand la température du corps baisse, il se défend moins bien contre les microbes de toutes sortes !

*À quel âge poussent les **seins** des filles ?*

Ça dépend de chacune ! Les seins des filles poussent au moment de la puberté, cette période où le corps se transforme en corps d'adulte, capable plus tard de faire des bébés. Chez les filles, la puberté survient en général entre 9 et 13 ans. Tandis que les seins poussent vers 10-11 ans. Mais ça peut arriver plus ou moins tôt selon les filles.

Quelle est la taille d'un microbe ?

Invisible à l'œil nu

Tous les microbes n'ont pas la même taille. Car dans la famille microbes, il en existe différentes sortes. Il y a les bactéries par exemple. Elles sont un million de fois plus petites que toi ! On mesure leur taille en micromètres. Les virus sont encore plus riquiquis : un milliard de fois plus petits que toi ! Tous ne peuvent se voir qu'avec de puissants microscopes.

Quelle est la température du corps ?

On répond généralement et simplement 37°C... Parce que cette température était celle couramment mesurée chez les gens depuis le 19e siècle. Mais on estime désormais que cette température habituelle est plutôt autour de 36,6°C ! Des mesures récentes réalisées en Amérique ainsi qu'en Angleterre ont trouvé des températures entre 36,4°C et 36,6°C. Il semble que les humains se soient refroidis !

Pourquoi les larmes sont-elles salées ?

Les larmes sont fabriquées par les glandes lacrymales, des petites poches situées au-dessus des paupières. Elles sont remplies par des vaisseaux sanguins : les glandes extraient du sang un liquide incolore pour fabriquer les larmes, qui mouillent sans cesse nos yeux et les protègent. Et comme le sang contient lui-même du sel, les larmes aussi sont salées !

CORPS HUMAIN

De quoi le **corps** est-il fait ?

Le corps est fait d'organes, d'os, de muscles, de nerfs... lesquels sont tous constitués de cellules, les mini-briques de construction du corps humain. Ces cellules sont elles-mêmes construites avec des éléments de base qu'on trouve dans la nature, essentiellement de l'oxygène, de l'hydrogène, du carbone... Oxygène et hydrogène sont les plus importants : assemblés, ils donnent de l'eau. Plus de la moitié du corps en est faite !

Quel âge a le plus vieil humain sur Terre ?

118 ans

Le plus vieil humain vivant sur Terre est une femme. Depuis le 22 juillet 2018, la doyenne de l'humanité, comme on dit, est une Japonaise, Kane Tanaka. Elle est née le 2 janvier 1903 et a 118 ans. La plus vieille personne ayant vécu à ce jour sur la planète est une Française, Jeanne Calment, morte en 1997... à plus de 122 ans !

Pourquoi a-t-on la **tête** qui tourne à force de faire des pirouettes ?

Pour le comprendre, il faut savoir que notre sens de l'équilibre est réglé par notre oreille interne, un petit organe qui renferme des capteurs baignant dans un liquide spécial. Quand on tourne, ce liquide tourne aussi. Et quand on arrête de tourner, surtout si on l'a fait longtemps, ce liquide continue à bouger avant de se stabiliser complètement ! Du coup, tant qu'il n'est pas revenu bien en place, on a la tête qui tourne, même après la fin de la pirouette !

Pourquoi a-t-on froid quand on est brûlant de fièvre ?

La fièvre est une réaction du corps qui survient en général lorsqu'on est attaqué par un microbe. Elle indique que les défenses du corps s'organisent. Mais leur indispensable contre-attaque libère des susbtances qui dérèglent le contrôle de la température du corps. C'est le bazar : on a alors une sensation de froid, des frissons, on claque des dents parfois... tandis que la fièvre monte ! Puis vient la transpiration, pour évacuer ce réel trop-plein de chaleur. Ouf !

Pourquoi les garçons ont-ils parfois le zizi tout dur ?

Ça arrive à tous les garçons, même tout petits (et parfois avant la naissance, dans le ventre de leur mère) ! C'est un signe que leur zizi, ou pénis, fonctionne bien. Cette réaction, qu'on appelle une érection, permettra aux garçons de faire des enfants quand ils seront adultes. En attendant, leur pénis durcit ainsi lorsqu'ils éprouvent une sensation agréable ou parfois sans raison, au réveil par exemple.

Pourquoi les **astronautes** grandissent-ils dans l'espace ?
Quel homme est resté le plus longtemps dans l'**espace** ?
E.T.
MAL DE TERRE TABS

ESPACE

Découvre comment les hommes ont réussi à vivre, pour de vrai, la tête dans les étoiles... On t'explique tout sur l'espace, en gardant les pieds sur Terre !

Quelle **odeur** *sent-on sur la Lune ?*

Évidemment, on ne peut pas se balader sur la Lune le nez au vent… Impossible d'y aller sans combinaison spatiale : il n'y a pas d'air à respirer ! Pourtant, les astronautes qui y sont allés parlent tous d'une odeur de rouillé ou de poudre à canon. Comment est-ce possible ? Cette odeur est celle sentie sur leur combinaison couverte de poussière lunaire et sur les échantillons qu'ils ont rapportés, une fois de retour à bord de leur navette.

Qui est le premier homme à avoir marché sur la Lune ?

C'est l'Américain Neil Armstrong, un astronaute de la mission spatiale Apollo 11, qui a le premier mis le pied sur la Lune. L'événement, retransmis à l'époque sur les télévisions noir et blanc du monde entier, s'est passé le 21 juillet 1969. Un autre astronaute américain, Buzz Aldrin, a marché sur la Lune avec lui. Son prénom sera d'ailleurs donné, bien des années plus tard, à un célèbre jouet de dessin animé... Buzz l'éclair !

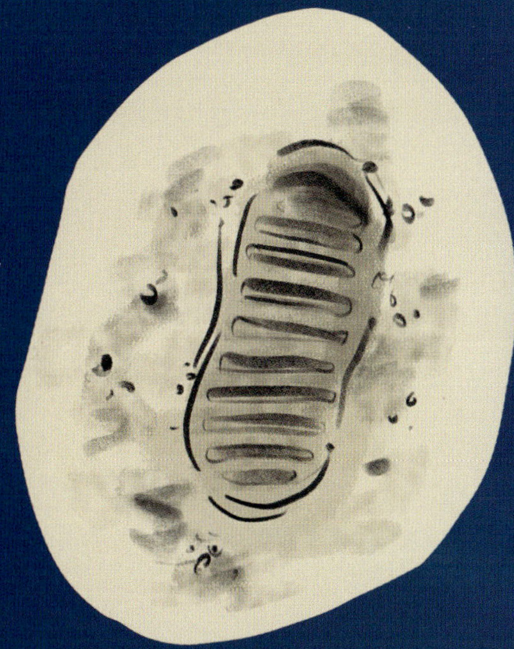

Quel est le seul sport jamais pratiqué sur la **Lune** ?

Le golf ! C'est l'astronaute américain Alan Shepard, lors de la mission Apollo 14, en 1971, qui a tapé dans une balle de golf. Plus exactement, il a joué deux coups : la première balle a fait une vingtaine de mètres, et la seconde... l'astronaute ne l'a jamais retrouvée ! Elle est restée sur la Lune. 50 ans plus tard, en étudiant le film rapporté de la mission, un scientifique américain a enfin localisé la balle sur le sol lunaire : elle avait atterri à 36 mètres !

Pourquoi les astronautes font-ils des bonds sur la Lune ?

Ici, sur Terre, nous sommes les pieds plaqués au sol car notre planète, très grosse, nous attire fortement. Cette force qui s'exerce sur nous, et sur tout ce qui se trouve sur notre planète, s'appelle la gravité. Elle existe aussi sur la Lune mais y est beaucoup plus faible, car la Lune est plus légère que la Terre. Du coup, un astronaute n'y est pas collé au sol et y fait des bonds sans effort !

Quel homme est resté le plus longtemps dans l'espace ?

Gennady Padalka

Cet astronaute russe a passé au total 879 jours dans l'espace ! Cela représente 2 ans et 5 mois à vivre en orbite autour de la Terre. Il a cumulé ce temps au cours de 5 séjours réalisés dans des stations spatiales, entre 1998 et 2015.

D'où vient l'eau des robinets de la station spatiale ?

Il n'y a pas d'eau dans l'espace, il a donc fallu en apporter des réserves pour s'installer dans la station spatiale. Puis, pour ne pas avoir à envoyer sans cesse des fusées chargées d'eau, on a trouvé une solution : toute l'eau, là-haut, est sans cesse recyclée ! Les eaux usées, l'urine et la transpiration des astronautes dans l'air de la station sont capturées, traitées et nettoyées. Une fois redevenues des eaux propres, elles sont réutilisées à bord !

Comment les astronautes vont-ils aux toilettes dans la station spatiale ?

La station spatiale dispose de toilettes spéciales. Elles sont équipées de tuyaux et de sachets pour aspirer l'urine et les selles des astronautes. Car elles ne peuvent pas tomber dans la cuvette, comme sur Terre ! Sans cet équipement, ces déchets flotteraient dans la station... Les toilettes récupèrent en plus les urines pour les recycler complètement. Le pipi est traité pour en extraire toute l'eau, si précieuse à bord !

Pourquoi les astronautes ne mangent-ils pas de **pain** en mission ?

Parce que le pain fait des miettes ! Le hic ? Les miettes, dans la station spatiale, ne tombent pas au sol mais flottent, comme tout ce qui s'y trouve ! Impossible de laisser des miettes, des gouttes d'eau ou quoi que ce soit d'autre errer ainsi à bord, sans contrôle : ces petits riens pourraient se glisser partout et endommager les instruments de contrôle de la station.

Comment **dort** un astronaute dans l'espace ?

Pas question de s'allonger dans un lit dans la station spatiale : on y vit dans tous les sens, il n'y a ni haut, ni bas, ni horizontale ni verticale ! Pour pouvoir se reposer dans ces conditions, les astronautes se glissent dans un sac de couchage, attaché à une paroi de la station spatiale. C'est indispensable, sinon, une fois endormi, l'astronaute flotterait n'importe où ! Et pas besoin de coussin : la tête ne tombe pas dans l'espace !

Comment les astronautes se lavent-ils dans l'espace ?

Sans rinçage

Il n'y a pas de douche à bord de la station, et d'ailleurs, l'eau n'y coulerait pas ! En plus, chaque goutte est précieuse : on la garde pour boire ! La toilette se fait donc avec des produits sans rinçage (shampooing compris !) et des débarbouillettes. Les astronautes aspirent les cheveux et les ongles en même temps qu'ils les coupent, pour qu'aucun déchet ne flotte dans la station. Quand les habits sont sales, pas de lessive : ils sont jetés dans les poubelles de la station !

Peut-on être allergique à la **Lune** ?

Oui ! C'est la désagréable aventure qui est arrivée à un astronaute américain, Harrison Schmitt, lors de la mission Apollo 17, la dernière à s'être posée sur la Lune en décembre 1972. À son retour dans le vaisseau, après avoir collecté des échantillons de sol lunaire, l'astronaute a enlevé sa combinaison recouverte de poussière : il a éternué illico, son nez s'est bouché, ses yeux sont devenus rouges... Il a alors découvert qu'il était allergique à la poussière lunaire !

Où les astronautes s'entraînent-ils sur **Terre** ?

Le meilleur entraînement à la vie dans l'espace, c'est sous l'eau que les astronautes le réalisent ! Eh oui : en plongée, ils ressentent des sensations très proches de celles qu'ils éprouveront dans la station ou lors d'une sortie dans l'espace, en combinaison. Ils s'entraînent d'ailleurs à manier des outils et faire des réparations sous l'eau, harnachés dans des combinaisons de... 100 kg !

Pourquoi les astronautes ont-ils du mal à attraper leurs clés de maison au retour de leur voyage ?

Dans l'espace, pas besoin de se tenir debout, de porter des charges lourdes... Du coup, les muscles des astronautes s'affaiblissent, même s'ils font du sport chaque jour pour limiter ces effets. À leur retour sur Terre, les astronautes ont donc besoin de temps et d'entraînement physique pour que leurs muscles retrouvent leur force et leur précision : attraper des clés, c'est pas si facile !

Comment un astronaute sait-il qu'il est l'heure de se lever ou se coucher ?

Les astronautes de la station voient le soleil se lever et se coucher 16 fois par jour ! Impossible donc de se fier au jour et à la nuit... Ils organisent leurs journées selon des heures précises de travail avec une nuit de 8 h. Pour arriver à dormir, ils mettent un masque sur leurs yeux ou ferment leur hublot, jusqu'à ce que leurs réveils sonnent l'heure de se lever !

Pourquoi le visage des astronautes s'arrondit-il dans l'espace ?

Sur Terre, grâce au travail de pompe du cœur et à une veine du cou qui régule la circulation du sang comme un gendarme, le sang circule dans tout le corps et ne stagne normalement pas dans ses extrémités. Mais dans l'espace, plus de haut ni de bas... Le sang s'accumule au niveau du visage et du cou et les fait gonfler, tandis qu'il a tendance à déserter les jambes.

Qu'est-ce que le **mal de terre** ?

Des vertiges, des nausées, la tête qui tourne... Les astronautes peuvent ressentir ce mal de terre lorsqu'ils remettent les pieds sur le sol après de longs mois dans l'espace, comme les marins qui descendent de bateau. Il s'agit d'une réaction du corps qui peine à retrouver son équilibre au sol, mais qui rentre souvent dans l'ordre en quelques jours.

Quel bruit entend-on dans l'espace?

Aucun

Dans l'espace, il n'y a pas d'air... Et donc pas de moyen de transporter le bruit. Pour se propager, le son a en effet besoin d'un véhicule, un peu comme une vague à la surface de la mer : le son voyage donc dans l'air, l'eau, le métal, le bois... Mais pas dans le quasi vide de l'espace. Silence !

Pourquoi les **astronautes** grandissent-ils dans l'espace ?

En passant nos journées debout, nous tassons notre colonne vertébrale vers le sol. Dans la station spatiale, les astronautes, eux, ne sont pas debout : ils flottent dans tous les sens, sans efforts, et leur squelette n'a pas besoin de supporter leur poids. Du coup, la colonne vertébrale n'est pas tassée et se déploie, allongeant ainsi le corps des astronautes. Ils peuvent mesurer 2 ou 3 cm de plus après quelques mois dans l'espace ! Mais une fois de retour sur Terre, ils reprennent très vite leur taille normale.

Quel air respire-t-on dans l'espace ?

Aucun ! Il n'y a pas d'air dans l'espace. Du coup, pour vivre dans la station spatiale, il a fallu apporter à bord des réserves d'oxygène et d'azote, les deux gaz de l'air, pour en fabriquer. Et on doit continuer à en apporter régulièrement. Entre-temps, l'air de la station est sans cesse filtré, nettoyé, dépollué et recyclé pour rester respirable (il faut évacuer le dioxyde de carbone rejeté par la respiration). Les astronautes respirent ainsi sans souci dans la station. Mais cet air à bord, paraît-il, ne sent pas le frais !

SPORTS

Peut-on jouer aux **échecs** avec des gants de **boxe** ?
YOU WIN
Quelle est la hauteur de la plus grande **pyramide humaine** ?

Laisse-toi entraîner sur les terrains de foot ou dans une partie d'échecs, rêve de médailles olympiques... et deviens un champion du sport et des jeux !

Pourquoi **transpire**-t-on quand on fait du sport ?

Faire du sport, c'est un effort ! Le cœur accélère, on dépense beaucoup d'énergie pour tenir le rythme... Tout notre corps est comme un moteur qui tourne de plus en plus vite et devient brûlant ! On a chaud ! Du coup, notre organisme réagit en mettant en marche son système de climatisation : la sueur. L'eau sort par les pores (les mini trous) de la peau, s'évapore au contact de l'air et nous refroidit (comme quand on sort mouillé de la piscine).

Pourquoi le cœur bat-il plus vite quand on court ?

Pour fournir plus d'énergie

Quand on court, le cœur accélère, ainsi que notre respiration, pour fournir plus d'oxygène au corps. Cet oxygène sert de carburant pour alimenter les muscles, qui doivent soutenir l'effort. Si on fait du sport régulièrement, on muscle son cœur : il devient plus résistant, plus efficace et son rythme accélèrera moins en cas d'activité physique. On s'essouflera moins !

Pourquoi certains sports font-ils grossir les muscles ?

Les muscles sont faits de fibres : elles sont comme des fils bien rangés les uns à côté des autres qui se contractent et s'étirent pendant un effort. Quand on fait du sport, on les met à l'épreuve : à force d'entraînement, comme pour se défendre et mieux résister, elles deviennent plus fortes et grossissent. Et on gagne en biscotos !

Y a-t-il des sports où les gauchers gagnent plus de médailles que les droitiers ?

Oui ! En escrime et au ping-pong, les gauchers tiennent clairement le haut du podium ! Pourquoi cet avantage ? On n'est pas sûr, mais on suppose que les gestes et les positions des gauchers seraient plus rapides (de quelques millisecondes seulement) dans ces sports que ceux des droitiers. Cela les aiderait à prendre leurs adversaires de court !

D'où viennent les **courbatures** ?

Lorsqu'on fait un effort physique, on cause parfois de microscopiques déchirures dans les muscles qui travaillent le plus. Ce sont ces petites blessures qui causent la douleur des courbatures, un à deux jours après le sport. Les courbatures sont un signal qui incite au repos, le temps de la réparation des muscles. La bonne nouvelle ? Plus on s'entraîne, plus le muscle devient fort et souple, et moins il sera sujet aux courbatures !

Pourquoi compte-t-on les points en 15, 30 et 40 au tennis ?

On ne sait pas bien d'où vient cette règle ! L'ancêtre du tennis, joué au Moyen Âge, s'appellait le jeu de paume. On y jouait avec la main à l'époque, comme son nom l'indique ! L'une des règles au jeu de paume était de faire avancer le joueur de 15 pieds lorsqu'il gagnait un point. Puis de 30 pieds au point suivant. Et de 40 enfin... Peut-être que la façon de compter les points au tennis, plus tard, a hérité de cette tradition.

Pourquoi joue-t-on au **basket** *à l'intérieur ?*

Parce que ce sport a été inventé exprès pour ça ! C'est en effet le professeur canadien James Naismith, qui a eu l'idée du basket, en 1891, en cherchant un moyen de faire jouer ses étudiants au ballon pendant l'hiver. Il a fixé un panier en bois au mur du gymnase et imaginé quelques règles... Le basketball était né !

Quel sport a été inventé en trichant au football ?

Le rugby

On dit que c'est un joueur anglais, William Webb Ellis, qui aurait le premier traversé un terrain de football en prenant le ballon à la main lors d'un tournoi dans la ville de Rugby, en 1823... pour aller le poser dans les buts adverses ! Dans les années 1840, des règles distinctes sont établies pour le football et le rugby, qui deviennent alors deux sports séparés. Et aujourd'hui, l'équipe qui devient championne du monde de rugby, tous les 4 ans, remporte la coupe... Webb Ellis !

Quel sport se joue mieux avec les **mains collantes** ?

Le handball ! S'enduire les mains d'une résine collante est une habitude dans ce sport, car cela permet tout simplement de mieux attraper le ballon pendant le jeu ! Au hand, les joueurs prennent le plus souvent le ballon à une main pour tirer dans les buts : grâce à la résine, malgré la transpiration de leur main, le ballon ne glisse pas. Seul hic : la résine colle aux mains, mais aussi aux vêtements et au terrain... Et leur lavage est parfois un casse-tête !

Quel sport fait le plus courir ses joueurs à chaque match ?

Le football ! Pendant les 90 minutes d'un match, les footballeurs parcourent environ 10 km ! C'est bien plus que les rugbymen (5 à 7 km par match) ou les basketteurs (3 km à chaque rencontre). En plus de faire des allers-retours incessants d'un bout à l'autre du terrain en suivant le jeu, les footballeurs réalisent régulièrement de vrais sprints pour attaquer, ballon au pied. Certains arrivent à courir, sur quelques mètres, presque aussi vite que les champions du 100 m ! Avec des pointes à plus de 35 km/h !

Quel célèbre jeu de lettres est un sport officiel au Sénégal?

Le Scrabble®

Ce jeu de mots est très populaire en Afrique de l'Ouest. Au Sénégal, le Scrabble® fait partie des sports officiels du pays. Tout le monde y joue, à l'école, à la maison, dans la rue... Les grands champions (il existe des tournois internationaux) s'entraînent 10 h par jour et mémorisent le dico entier!

Comment sortir à coup sûr d'un **labyrinthe** ?

Si, il existe un truc infaillible pour y arriver! L'idée est de toucher les murs du labyrinthe de la main droite, de ne pas les lâcher, et de tout le temps tourner à droite lorsqu'un croisement se présente. Avec cette technique, on est certain de sortir à la fin du labyrinthe, même si cela peut prendre du temps... et qu'on risque de parcourir le labyrinthe en entier!

Peut-on jouer aux **échecs** avec des gants de **boxe** ?

Oui! L'affaire n'est pas simple mais c'est un vrai sport: le *chessboxing*. Chaque combat a lieu sur un ring: les adversaires enchaînent dessus cinq rounds de boxe et six parties d'échecs. Il faut donc être à la fois musclé des bras et du cerveau pour espérer gagner! Ce sport étonnant a été imaginé par un auteur français, Enki Bilal, dans son album BD Froid Équateur, paru en 1992. Et c'est en 2003 que le premier combat de *chessboxing* a été organisé... pour de vrai!

Peut-on faire un bras de fer avec les pieds ?

Oui ! On appelle ça le combat ou la lutte d'orteils. Deux concurrents s'affrontent, assis face à face, gros orteil contre gros orteil. Le but du jeu est bien sûr d'arriver à faire basculer le pied de l'adversaire vers l'une des deux planches situées de chaque côté du ring, à la seule force de son orteil ! Un championnat du monde est organisé tous les ans en Angleterre !

Pourquoi les adultes aiment-ils encore jouer quand ils sont grands ?

Parce que le jeu fait du bien à tout le monde, quel que soit son âge ! C'est même un besoin : jouer est un moyen de se faire plaisir, de rire, de se détendre. En jouant, on crée des liens avec ses partenaires (et même ses adversaires !), qu'ils soient de sa famille ou pas. Jouer est aussi l'occasion d'imaginer, de faire semblant et d'exprimer des sentiments qu'on ne peut pas libérer autrement dans la vraie vie.

Pourquoi faut-il arrêter les jeux vidéo 2 heures avant de dormir ?

Parce que jouer aux jeux vidéo, les yeux rivés sur un écran, retarde l'endormissement. Les écrans diffusent en effet une lumière bleue qui envoie un signal de plein jour au cerveau. Il ne peut pas lancer, comme chaque soir, la production de mélatonine, une susbtance indispensable pour bien dormir. Sans compter qu'on est concentré, énervé sur la partie... au lieu de se détendre doucement. Alors un bon dodo, c'est sans jeux vidéo le soir !

Comment attrape-t-on la balle au **jeu de Pong** ?

Ni avec la main, ni avec une raquette ! Pong est l'un des tout premiers jeux vidéo, créé en 1972. Il se jouait sur une borne qui faisait la taille d'une petite armoire. Pour se déplacer, le joueur avait juste un bouton pour aller de gauche à droite et de bas en haut. L'écran était noir et blanc et on y voyait bouger un point (la balle) et deux traits (les raquettes des joueurs) !

Quel est le record monde de saut en longueur ?

8,95 mètres

C'est un record du monde qui a été établi en 1991 par l'Américain Mike Powell. Imagine un peu : c'est quasi la longueur d'un bus, en un seul saut ! Chez les femmes, l'athlète russe Galina Chistyakova détient le record du monde, avec un saut à 7,52 m en 1988.

Pourquoi les chirurgiens sont-ils fans de jeux vidéo ?

Parce que cela leur permet d'être meilleur dans leur métier ! D'abord, la chirurgie demande beaucoup d'entraînement dans la précision des gestes, la rapidité, ce que les joueurs de jeux vidéo travaillent lors de leurs parties. Les jeux vidéo exigent aussi de la concentration pour gagner, de l'endurance, et une capacité à prendre rapidement les bonnes décisions : autant d'atouts utiles aux chirurgiens ! D'ailleurs, ils s'entraînent à certaines opérations sur des simulateurs vidéo. Et il arrive même maintenant que des opérations soient pratiquées à distance, via un écran et des bras robotisés que doit manipuler le chirurgien.

Quel est le point commun entre un **virus** et l'un des plus célèbres jeux vidéo du monde ?

Tous les deux ont fait parler d'eux dans le monde entier en 2009, et ce n'est pas un hasard ! Le virus, c'est H1N1 : ressemblant à celui de la grippe, il a touché la planète entière à l'époque. On l'appelait, dans les pays anglo-saxons, le virus porcin, comme le cochon. Au même moment, en Finlande, un jeu vidéo est créé : Angry Birds ! Son créateur a alors l'idée de dessiner des cochons comme ennemi des oiseaux... en pleine pandémie de grippe porcine. Succès garanti !

Quelles **médailles olympiques** Tarzan a-t-il remportées ?

L'acteur qui a joué Tarzan et rendu le personnage célèbre au cinéma, dans les années 1930 à 1940, s'appelait Johnny Weismuller. Avant de devenir une star des écrans, cet Américain était un champion de natation ! Il a remporté 5 médailles d'or et 1 médaille de bronze aux Jeux olympiques de 1924 et 1928. Sans oublier, au fil de sa carrière, 28 records du monde et 52 médailles d'or en championnat aux États-Unis !

Où pouvait-on gagner une médaille à la **lutte à la corde**, au **tir aux pigeons**, et à la **course d'obstacles à la nage** ?

Aux Jeux olympiques... autrefois ! Le tir aux pigeons vivants a couvert le stade de plumes et de sang aux J.O. de 1900, avant d'être illico abandonné... Comme la course d'obstacles à la nage, lors de cette même édition : les nageurs devaient passer en-dessous et... au-dessus de barques ! Le tir à la corde, en revanche, introduit aussi en 1900, a été conservé jusqu'aux J.O. de 1920.

Quelle tenue portaient les Grecs aux premiers J. O. d'Athènes, il y a 2700 ans ?

Aucune ! À l'époque, les athlètes s'affrontaient tout nus ! Les sportifs attachaient simplement leur sexe avec une sorte de ficelle autour de leur taille pour ne pas être gênés dans leurs mouvements. Cette nudité était un moyen de s'assurer qu'aucune femme ne participait aux Jeux olympiques, puisque cela leur était interdit à l'époque.

À quoi sert d'aller toujours plus vite, plus haut, plus fort ?

« Plus vite, plus haut, plus fort », c'est la devise des Jeux olympiques modernes, depuis que le Français Pierre de Coubertin les a relancés, en 1894. Cette devise encourage les athlètes à donner le meilleur d'eux-mêmes et à se surpasser. Depuis l'été 2021, elle est devenue « plus vite, plus haut, plus fort, ensemble », pour rappeler aussi aux sportifs les valeurs de respect et de fraternité.

Quelle est la hauteur de la plus grande **pyramide humaine** ?

Réaliser des pyramides humaines est une tradition en Espagne, où on les appelle *castells*. On mesure leur hauteur en étages humains. La plus impressionnante du monde a été réalisée près de Barcelone, en 2015 : elle s'élevait sur 10 étages humains, avec 4 personnes à chaque étage ! Il a fallu 3 ans de répétitions pour réussir cet exploit. Les grimpeurs, 4 enfants, ont atteint le sommet en 5 minutes, pendant que 750 personnes sécurisaient la base de la pyramide et ses 3 premiers étages !

Quel poids maximum peut porter un homme ?

501 kg ! Ce record incroyable, d'une demi-tonne soulevée de terre à la force des bras, est détenu par l'Islandais Hafthor Bjornsson. Déclaré déjà à maintes reprises homme le plus fort du monde, cet athlète pèse lui-même 200 kg et mesure 2 m... Un vrai titan ! Et lorsqu'il ne s'entraîne pas à soulever des rochers, il joue les montagnes de muscles dans les séries télé !

Combien de temps peut-on rester sous l'eau sans respirer ?

Le record d'apnée sans bouger dans l'eau est détenu depuis 2009 par le plongeur français Stéphane Mifsud : 11 minutes et 35 secondes sans respirer ! D'autres plongeurs s'efforcent, eux, de descendre le plus profond possible en apnée. Ils atteignent, avec l'aide de palmes, 130 mètres sous la surface !

Quel est le record du monde de **saut en hauteur** ?

2,45 m de haut ! Ce record du monde est détenu par le Cubain Javier Sotomayor depuis 1993. Imagine un peu sa performance : c'est presque comme s'il sautait un étage de maison ! En passant au-dessus... sur le dos ! Une technique très efficace inventée par un sauteur et champion célèbre de ce sport, en 1968, l'Américain Dick Fosbury.

À quelle vitesse court l'homme le plus rapide du monde ?

37,58 km/h

C'est la vitesse moyenne à laquelle le Jamaïcain Usain Bolt, champion du monde, file sur 100 m ! Il parcourt cette distance en 41 enjambées seulement ! Il va tellement vite que sa vitesse lui permettrait de doubler sans peine un vélo !

Pourquoi rigole-t-on quand on nous **chatouille** ?

[SENS

Quelle est la **peur la plus partagée** dans le monde ?

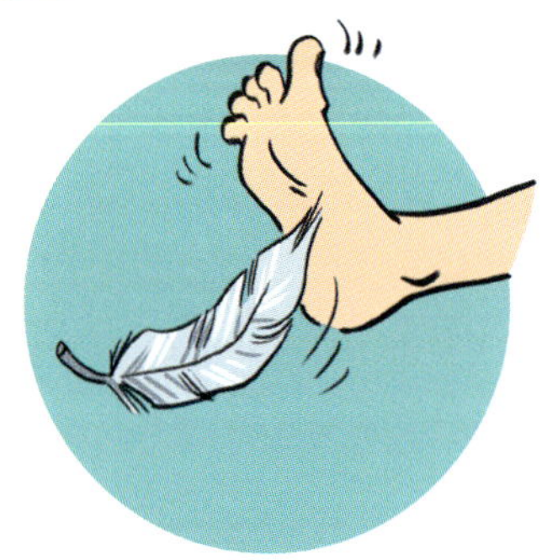

et ÉMOTIONS]

Pour comprendre le monde qui t'entoure, fais confiance à tes sens en alerte ! Tes émotions aussi ont beaucoup à t'apprendre… Découvre leur langage !

Pourquoi a-t-on parfois peur de dormir dans le noir ?

Les humains ne sont pas faits pour le noir, il faut bien le reconnaître ! Nous nous reposons beaucoup sur la vue, nous nous activons le jour, alors quand tombe la nuit et l'obscurité, nous sommes désemparés. Nous nous sentons sans défense et la peur peut nous saisir, nourrie par une imagination galopante.

Pourquoi adore-t-on avoir peur dans les manèges ?

Parce qu'on sait qu'il n'y a pas de vrai danger, dans ce cas ! Les sensations fortes provoquées par le grand huit ne font pas seulement accélérer le cœur et crier : elles déclenchent aussi du plaisir dans le cerveau ! C'est la même chose avec les films d'horreur, qui permettent par ailleurs de se confronter, sans les vivre, à des situations dramatiques. C'est peut-être un moyen pour nous d'apprivoiser un peu les peurs qui leur sont associées.

Quelle est la **peur la plus partagée** *dans le monde ?*

Quand on interroge les gens, un peu partout sur la planète, les peurs qui reviennent le plus sont la peur des autres et de la foule, la peur des araignées ou des serpents, et la peur du vide. Lorsque ces peurs gênent les gens dans leur vie quotidienne, on parle de phobie. Pour lutter contre, on aide le patient à s'exprimer, à affronter ces situations terrifiantes, en commençant par les plus simples puis en augmentant peu à peu la difficulté.

Pourquoi dit-on qu'on est **blanc de peur** *?*

L'expression vient de la couleur pâle que peut prendre le visage de quelqu'un qui éprouve une grande peur. Dans une situation aussi terrifiante, le cerveau réagit immédiatement : il perçoit un danger et prépare le corps à fuir, rassemble et concentre ses forces vers ses organes vitaux et ses muscles. Le sang irrigue donc moins la peau et elle devient plus blanche. On est vraiment blanc de peur !

Quelles sont les zones du corps les plus sensibles ?

Les doigts

Le bout des doigts est la zone du corps la plus sensible au toucher. On peut sentir des détails de seulement 1 mm ! Ensuite, la paume de la main, le visage, puis les orteils et la plante des pieds sont les zones qui détectent le mieux et le plus précisément ce qu'elles touchent.

Comment sent-on que la laine est **douce** *et le bois* **rugueux** *?*

Grâce à notre peau ! Plus exactement, grâce aux milliers de récepteurs qui se cachent dedans et qui sont nos sentinelles du toucher. Le moindre frottement, une caresse, une piqûre... Et hop ! Ils réagissent et transmettent l'information, sous forme d'un mini signal électrique voyageant dans les nerfs, jusqu'à la moelle épinière. Chargée entre autres de gérer nos réflexes, elle envoie alors l'information vers le cerveau. Et on comprend illico qu'on a touché de la laine toute douce ou du bois rugueux !

Pourquoi devient-on **sourd** *parfois quand on vieillit ?*

C'est ce qu'on appelle la presbyacousie. Et ça concerne une personne sur deux après 70 ans ! On entend moins bien les sons les plus aigus et ça devient difficile de suivre une discussion. C'est un peu comme si l'oreille ne répondait plus à certains sons. Les osselets, des petits os chargés de réagir aux vibrations, sont moins élastiques ; dans la cochlée aussi, la zone d'où partent les informations vers le cerveau, il y a des ratés... Bref, l'oreille s'est usée avec le temps. Heureusement, il existe des appareils auditifs pour retrouver le son !

Pourquoi ça ne fait pas mal de pincer sous son coude ?

Dans la peau du coude, il y a très peu de petits récepteurs qui détectent la douleur. On a donc moins de sensations à cet endroit-là. Il existe une zone du corps qui est même carrément insensible à la douleur, car sans récepteurs pour la détecter : le cerveau ! C'est pour ça qu'on peut opérer des patients du cerveau sans anesthésie générale !

Pourquoi n'entend-on pas les sifflets spéciaux pour les chiens ?

Notre oreille n'a pas les bons outils pour détecter le son, trop aigu, de ces sifflets. Car ils émettent ce qu'on appelle des sons de haute fréquence. La fréquence permet de mesurer et classer les sons. Notre oreille détecte en théorie des fréquences entre 20 et 20 000 Hz. Le son des sifflets pour les chiens se situe justement autour de 20 000 Hz et au-delà. C'est une trop haute fréquence pour l'oreille humaine, mais pas pour celle des chiens.

Combien le nez peut-il sentir d'odeurs ?

Des milliards

En tout cas, on le pense... Même si on ne dispose pas de mesures aussi précises sur les capacités du nez. On a pendant des années estimé que l'homme pouvait sentir environ 10 000 odeurs, mais les scientifiques savent désormais que c'est beaucoup plus. On compare même maintenant notre flair à celui du chien, sauf que nous ne distinguons pas les mêmes odeurs que lui !

Pourquoi le steak n'a-t-il pas le même goût quand on est enrhumé ?

Parce que nous n'arrivons pas à capter ses saveurs habituelles à cause du rhume ! Le goût est ressenti grâce à la langue, bien sûr, mais aussi à l'aide du nez. Quand on mâche un aliment, ses arômes viennent chatouiller le palais et remontent vers l'arrière du nez. Lorsque le rhume bouche ce circuit, il nous manque plein d'informations... et autant de saveurs dans ce qu'on mange !

Sur combien de sens pouvons-nous compter ?

On admet depuis très longtemps que nous avons cinq sens : la vue, l'ouïe, l'odorat, le goût et le toucher. Néanmoins, les scientifiques pensent qu'on pourrait ajouter à ceux-là quatre autres sens, qui nous aident à percevoir le monde qui nous entoure. La proprioception d'abord, c'est-à-dire le fait de savoir où se situent nos membres. Puis l'équilibrioception ou le sens de l'équilibre. Le sens de la température ensuite, ou thermoception. Et enfin, le sens de la douleur ou nociception. Cela ferait donc au moins neuf sens pour l'humain.

Est-ce que les couleurs ont une odeur ?

Ça peut arriver ! On appelle ça la synesthésie. Certaines personnes réagissent ainsi, comme si leurs sens étaient connectés : lorsqu'ils voient une couleur par exemple, ils sentent illico une odeur associée ; d'autres, lorsqu'ils entendent une musique, ont un goût qui leur vient en bouche... Le peintre russe Vassily Kandinsky, au début du 20e siècle, a composé un grand nombre de ses œuvres en peignant... la musique !

À quoi servent les **poils** dans le nez ?

À faire le ménage ! Les poils du nez jouent le rôle de filtres : ils retiennent les poussières et les saletés transportées par l'air qu'on respire. Avec l'aide du mucus (la morve) fabriqué par les parois du nez, ils les empêchent de pénétrer jusqu'aux poumons. Pas question donc d'arracher ses poils du nez, même s'ils débordent. La seule chose à faire, c'est éventuellement de couper un peu ceux qui sont trop longs et disgracieux.

Est-ce que les filles pleurent plus que les garçons ?

Pas du tout ! Dès la naissance, tous les bébés pleurent par moments, autant les filles que les garçons. On ne sait pas toujours pourquoi (ils n'ont pas forcément mal quelque part), mais c'est semble-t-il normal lorsque que les bébés s'éveillent et grandissent. Après un an, ils pleurent déjà six fois moins souvent ! Et filles et garçons versent autant de larmes les uns que les autres jusqu'à la puberté.

Où coulent les **larmes** *quand on ne pleure pas ?*

Les larmes, fabriquées par les glandes lacrymales au-dessus des paupières, sont envoyées sur nos yeux à chaque battement de cil. Elles forment un film protecteur dessus, sans cesse renouvelé. Puis, les larmes sont évacuées par le coin interne de l'œil vers le sac lacrymal, lui-même relié au nez. Elles partent alors vers le fond de la gorge. On avale donc ses larmes quand on ne pleure pas, même si on ne s'en aperçoit pas !

Rire fait-il du bien au cœur ?

Oui, ça le protège !

Il faut rire de bon cœur, ce n'est pas une blague ! Car le rire a un effet décontractant sur les vaisseaux sanguins et facilite donc la circulation du sang et ses allers-retours vers le cœur. En plus, rire fait du bien au moral et aide à lutter contre la fatigue : deux bons moyens de protéger le cœur des mauvais effets du stress. Un bon fou rire, c'est bon tout court !

Est-ce que les acteurs pleurent pour de vrai dans les films ?

Certains acteurs, oui ! Ils pensent à des événements tristes de leur vie et arrivent à être suffisamment submergés par leurs propres émotions pour pleurer vraiment. D'autres ont besoin d'un coup de pouce et utilisent plutôt des larmes artificielles (des liquides adaptés au rinçage de l'œil comme le sérum physiologique). Enfin, il existe des solutions un peu plus piquantes : faire appel à des produits irritants (mais pas dangereux, évidemment !) comme le menthol, qui vont provoquer de vraies larmes dans les yeux !

Pourquoi pleure-t-on parfois devant les **films tristes** ?

Vite un mouchoir... Bouh ! Fondre en larmes au ciné, ça arrive ! Même si on sait que c'est pour de faux à l'écran, on est sensible à une histoire triste, à la souffrance des autres. C'est ce qu'on appelle l'empathie. On a du coup de la peine, nous aussi. Les larmes indiquent aux autres notre émotion, les incitent à nous consoler. Sans doute permettent-elles d'évacuer, lorsqu'elles coulent, le trop-plein d'émotion : elles contiennent à la fois des substances produites en cas de stress et d'autres qui apaisent la douleur.

Un **fou rire** peut-il se répandre ?

Un fou rire n'est pas une maladie contagieuse, évidemment... Mais le rire se partage : voir quelqu'un rire donne envie d'en faire autant, et c'est même difficile de s'en empêcher. Il est quand même arrivé, en 1962, une mystérieuse épidémie de fou rire qu'on n'explique toujours pas aujourd'hui. Elle a commencé dans un pensionnat de jeunes filles, en Tanzanie. Trois d'entre elles se sont mises à rire (à pleurer aussi par moments) sans pouvoir s'arrêter, et leur fou rire s'est propagé : il a touché au moins deux cents personnes et a duré plusieurs mois.

Pourquoi rigole-t-on quand on nous chatouille ?

Rire quand on nous fait des chatouilles est un moyen de se défendre. C'est un petit peu une façon de dire qu'on panique gentiment face à l'attaque des guilis, que l'on sait sans réel danger. Mais pour que ça marche, il faut les bons ingrédients : que ce soit un jeu, que les deux participants soient d'accord et se connaissent. Impossible de chatouiller un inconnu, ça ne marche pas. Et impossible aussi de se chatouiller soi-même, le cerveau n'est pas dupe !

Pourquoi rougit-on comme une tomate quand on a honte?

Rougir est un réflexe du corps qui organise sa défense ou sa fuite face à une situation qui le stresse : le cœur s'accélère, la respiration aussi, le sang afflue dans les vaisseaux sanguins... Jusque sur les joues, et fait rougir le visage. Tout le corps se prépare, comme une voiture dont on chauffe le moteur avant de démarrer en trombe !

Combien d'émotions différentes existe-t-il ?

On décrit en général six émotions de base : la joie, la tristesse, la surprise, la peur, la colère et le dégoût. Mais il en existe plein d'autres, plus complexes, comme l'ennui, la honte... L'émotion naît des échanges entre nos sens et notre cerveau : on a peur en voyant un film d'horreur, on est heureux en écoutant sa musique préférée... On reconnaît les émotions à leurs effets dans le corps : un changement du rythme cardiaque, un mal de ventre, les larmes, la transpiration, le visage qui s'anime... Impossible de vivre sans émotions !

Est-ce qu'on ressent les émotions dans le cœur ?

Non... mais si !

Les émotions sont ressenties et gouvernées par le cerveau. Mais elles ont néanmoins des effets sur tout le corps, y compris le cœur. Une émotion peut faire rougir, pleurer, trembler, rire... Quand on demande aux gens où ils ressentent les émotions, la seule à les secouer dans tout l'organisme, de la tête aux pieds, c'est le bonheur !

Pourquoi se **dispute**-t-on facilement entre frères et sœurs ?

C'est normal de se chamailler de temps en temps entre frères et sœurs ! Ok, on s'aime, mais on a aussi besoin d'affirmer ses différences les uns par rapport aux autres, et notamment vis-à-vis de ses parents. On cherche leur soutien et on est un peu jaloux... Se disputer à l'occasion entre frères et sœurs est un moyen de l'exprimer. Si le conflit est permanent, mieux vaut en parler en famille et essayer de comprendre où se situe le problème.

Est-ce que les bébés voient le monde en couleurs ?

À la naisance, les bébés ne voient pas les couleurs mais des nuances de gris. Ils voient assez flou, et pas vraiment au-delà de 60 cm. Les premières couleurs qu'ils discernent, ce sont les rouge-orange vers 2 mois. Puis les bébés élargissent leur palette de couleurs vers 4 mois, avec des bleus aussi par exemple. Ensuite, en grandissant, ils distinguent toutes les nuances et voient aussi précisément qu'un adulte.

Comment voient les daltoniens ?

Ils perçoivent les couleurs différemment. Les capteurs sensés détecter le vert, le rouge ou le bleu dans leurs yeux fonctionnent mal. Du coup, selon le type de daltonisme, les personnes atteintes peuvent par exemple ne pas faire de différence entre le vert et le rouge. Les couleurs risquent aussi d'être plus ternes et les nuances difficiles à percevoir (bleu et vert se ressemblent, rouge et noir aussi...).

Peut-on voir une **fourmi** *à 10 mètres de distance ?*

Oui, si on a une vision très performante ! On appelle ça l'acuité visuelle, mesurée sur 10. Elle est de 10 sur 10 quand on a une bonne vue. Et elle peut monter à 15 sur 10 pour certains : ils discernent alors deux points distants de 2 mm à 10 m ! Alors une fourmi, c'est sans souci !

Voit-on le monde à l'endroit ou à l'envers ?

Les deux...

On reçoit dans l'œil les rayons lumineux envoyés par le paysage devant nous. Ces rayons entrent dans l'œil par le trou de la pupille puis se concentrent et s'affichent sur la rétine. Elle tapisse le fond de l'œil comme un écran. C'est ici, sur la rétine, que l'image du paysage se forme effectivement à l'envers, même si on ne s'en aperçoit pas. Ces signaux sont envoyés au cerveau qui se charge alors de remettre l'image, et donc le paysage, à l'endroit cette fois-ci !

Ça fait quoi d'être **amoureux** ?

L'amour n'est pas seulement quelque chose qu'on ressent, on voit ses effets dans le cerveau et sur le corps. Si on se sent si bien, si heureux, ce n'est pas un hasard : l'amour libère des susbtances spéciales (comme la dopamine et l'ocytocine) dans le cerveau qui donnent de l'énergie et nous attachent à l'autre. Les battements du cœur s'accélèrent quand on est avec son amoureux ou son amoureuse, on perd l'appétit, on rougit... L'amour chamboule vraiment des pieds à la tête !

Pourquoi n'aime-t-on pas s'ennuyer ?

L'ennui est une émotion qui provoque une baisse d'énergie, d'attention, allant parfois jusqu'à la somnolence. Quand on s'ennuie, on se sent impuissant, capable de rien. Ce vide nous effraie et c'est pour ça qu'on déteste s'ennuyer ! L'avantage, pourtant, c'est que l'ennui permet au cerveau de faire une pause. Et comme on ne veut pas continuer à s'ennuyer, on se remet à chercher une idée, à inventer quelque chose à faire... Parfait pour l'imagination ! Bref, l'ennui, de temps en temps, c'est plus utile qu'on ne le croit.

*Où se trouve le sens de l'***humour** *?*

Chez certaines personnes, on le cherche toujours... La bonne blague ! Eh non : le sens de l'humour n'est pas un sens comme la vue, l'ouïe ou encore l'odorat. C'est une expression qui désigne la capacité des gens à apprécier les blagues, les gags, à pouvoir se moquer d'eux-mêmes... Ce qui est sûr, c'est que l'humour déclenche le rire et que celui-ci est bon pour la santé (contre le stress) et le moral. Il existe même des thérapies par le rire, qui sont une façon de soigner et d'aider les patients... en riant !

Est-ce qu'on ressent tous les mêmes émotions ?

Oui... et non !

En étudiant les émotions, les scientifiques ont constaté que les grandes émotions de base (joie, colère, peur...) étaient partagées et reconnues d'un bout à l'autre de la planète. Cela ne signifie pas pour autant que tout le monde ressent la même chose devant un événement. Chacun, selon son âge, son sexe, sa culture, son expérience... va réagir à sa manière.

Qui a inventé les smileys ?

On trouve plusieurs origines à ces petites billes rondes et jaunes qui traduisent une émotion ou une ambiance dans les messages. L'idée de montrer ce qu'on ressent dans un texte remonte au moins au 19e siècle : la ponctuation est utilisée pour symboliser la joie, la colère... dans un magazine de 1881. Un artiste américain, Harvey Ball, imagine un smiley souriant et jaune en 1963 pour une publicité. Mais c'est en 1971 qu'un journaliste francais, Franklin Joufrani, en ajoute dans les textes de son journal, France Soir. Et au début des années 1980, ceux qu'on appelle désormais smileys apparaissent sur les ordinateurs.

guili guili guili guili
Est-ce que les animaux à sang froid, comme les **serpents** et les **lézards**, peuvent geler ?
De quelle couleur est la peau de l'**ours blanc** ?
21 AOUT
20 AOUT
19 AOUT

ANIMAUX

Y'a pas de questions bêtes sur les animaux !
Qu'ils aient 3 cœurs ou 750 pattes, les prouesses de ces drôles d'oiseaux vont t'épater... Ils sont tous au poil !

Est-ce que les animaux à sang froid, comme les **serpents** *et les* **lézards***, peuvent geler ?*

Cela peut arriver ! Les lézards, les serpents, les grenouilles... ne produisent pas leur propre chaleur, contrairement à nous : leur température change selon celle qu'il fait dehors (contrairement aux humains, toujours à 37°C). Du coup, pour survivre au froid de l'hiver, ces espèces s'abritent dans des creux, au fond des mares, sous du bois mort... et ne bougent plus, le cœur au ralenti. Mais s'il gèle très fort, ils peuvent ne pas y résister. Sauf la grenouille des bois d'Alaska : l'hiver, elle gèle comme un glaçon... et se réveille sans souci au printemps !

Pourquoi ne faut-il pas tousser devant les **escargots** ?

Parce que certains sirops contre la toux sont faits à partir de bave d'escargot ! On trouve dans cette dernière une substance qu'on appelle hélicidine, utilisée pour son effet apaisant sur les voies respiratoires. Le premier sirop contre la toux à base de bave d'escargot a été vendu dans les années 1950. On en trouve encore aujourd'hui en pharmacie. Néanmoins, il est maintenant recommandé d'éviter les sirops contre la toux, notamment pour les enfants : tousser est un moyen de défense utile contre les microbes !

Avec quoi sont faits les sérums antivenin ?

Les sérums antivenimeux sont des médicaments à administrer au patient le plus tôt possible après une morsure venimeuse (de serpent, de scorpion...). Ces sérums sont fabriqués en injectant à un autre animal, souvent un cheval, une minidose de venin : son sang va fabriquer des défenses, que l'on récupère pour en faire un sérum qui sauvera la vie de personnes mordues.

À quoi sert de poser des sangsues sur son corps ?

Les sangsues sont des sortes de limaces qui sucent le sang de l'animal sur lequel elles s'accrochent. On s'en servait déjà pour soigner dans l'Antiquité. On les utilise aujourd'hui après une greffe (par exemple quand on recoud un doigt amputé ou qu'on pose un lambeau de peau), pour réguler la circulation du sang (comme sur des gros bleus) ou améliorer les douleurs articulaires. Ce sont les substances contenues dans la salive de ces petites bêtes qui auraient des effets bénéfiques.

Pourquoi les **chouettes** *ont-elles d'aussi grands yeux pour voir la nuit ?*

Leurs grands yeux permettent aux chouettes de bien voir la moindre lumière la nuit. Si les tiens faisaient une taille comparable sur ta tête, ils seraient aussi gros qu'une orange ! Ses yeux placés l'un à côté de l'autre sur la tête (et non de chaque côté) lui donnent une vue très précise des reliefs et des distances devant elle, très importante pour chasser dans le noir. Et comme sa tête tourne quasi en entier sur elle-même, elle voit aussi bien sur les côtés et presque derrière elle !

Les oiseaux font-ils pipi ?

Les oiseaux évacuent leur urine et leurs crottes en même temps, par le même orifice : le cloaque. Du coup, déchets durs et liquides sont mélangés dans leurs fientes. La partie urine est souvent celle qui apparaît blanche. Mais ce n'est pas toujours facile de faire la part des choses : les fientes des oiseaux peuvent être colorées selon leur nourriture, et leur urine plus pâteuse que liquide !

Les oiseaux chantent-ils avec un accent de leur région ?

Oui !

Une mésange du sud-ouest et une autre du nord de la France n'ont pas exactement le même chant… comme les habitants de ces régions ont des accents ! En général, ce sont les mâles qui chantent pour dire « c'est chez moi ! » ou séduire les femelles. Une exception ? Le rouge-gorge ! Madame chante autant que Monsieur !

Est-ce que les plumes des oiseaux poussent comme nos cheveux ?

Comme nos cheveux, les plumes des oiseaux ont une durée de vie limitée : elles poussent, restent en place, s'abîment, puis tombent. Chez les canards par exemple, les plumes des ailes se renouvellent toutes en même temps à la fin de l'été : pendant cette mue, qui dure environ un mois, ils ne peuvent plus voler !

Les **oiseaux** ont-ils des dents ?

Non, ils n'en ont pas ! Et on ne sait pas exactement pourquoi ils ont perdu ces dents au fil des milliers d'années... Car les lointains ancêtres des oiseaux sont, comme tu le sais sans doute, les dinosaures : pas de doute, eux avaient de sacrées belles dents ! Il y a 90 millions d'années en tout cas, un dinosaure volant comme l'ichtyornis, une sorte de mouette géante capable de mordre, avait à la fois... un bec et des dents !

Quel **insecte** cultive des champignons depuis bien plus longtemps que les hommes ?

Les fourmis ! Plus exactement des fourmis d'Amérique, les Atta, aussi surnommées fourmis coupeuses de feuilles. Elles vivent en colonies de milliers d'individus et font pousser à l'intérieur de leur fourmillière des champignons dont elles se nourrissent. Pour cela, elles coupent des morceaux de feuilles, les transportent dans leur galerie où, en pourrissant, elles serviront de terreau aux champignons. Cultiver des plantes, les hommes le font depuis environ 10 000 ans. Les Atta, elles, font pousser des champignons depuis au moins 45 millions d'années !

Quel animal vit incognito sur notre corps ?

Le Demodex. C'est un acarien, une toute petite bestiole invisible à l'œil nu, qui vit dans nos sourcils, nos cheveux et nos cils, où il se nourrit de peaux mortes. Pas de panique ! Leur présence, normalement, ne gêne pas. D'ailleurs, on ne s'aperçoit même pas qu'ils s'installent sur la peau au fil des années... puisqu'on n'en a quasiment pas enfant !

Comment les **mouches** *goûtent-elles la nourriture ?*

Elles ont dans la trompe des capteurs de goût, comme nous dans la bouche et le nez. Mais elles en sont aussi équipées... sur les pattes ! Quand elles se posent sur un aliment, cela leur permet donc de savoir s'il est bon à manger ou pas. Et si elles se frottent tant les pattes, c'est pour entretenir et nettoyer leurs détecteurs de goût. Miam !

Combien de pattes a un millepatte ?

750 maximum

Eh non : les millepattes n'ont pas mille pattes ! Les scientifiques appellent ces petites bêtes des myriapodes. On en connaît plus de 13 000 espèces sur Terre, avec une centaine de pattes maximum la plupart du temps. Le plus grand nombre de pattes, 750, revient à une espèce américaine qui mesure à peine... 3 cm de long !

Comment des asticots peuvent-ils soigner une plaie ?

C'est une technique qui peut paraître étrange mais qui fonctionne bien sur des blessures qui ont du mal à guérir : placer des asticots sur les chairs meurtries d'une plaie. Ces larves de mouche, élevées exprès en laboratoire, dévorent les peaux abîmées de la blessure tout en déposant une sorte de désinfectant naturel sur la zone : le patient cicatrise mieux et évite des complications.

[ANIMAUX]

Pourquoi les **chevaux** ne peuvent-ils pas vomir ?

À cause d'un muscle, le cardia, qui empêche toute nourriture de remonter une fois qu'elle a atteint l'estomac. Ne pas vomir, pour nous, ça semble cool... Mais en fait, non : s'il mange trop ou avale un aliment toxique pour lui, le cheval souffre alors de coliques, qui peuvent s'avérer dangereuses. Veiller à ce que mange le cheval, à petites doses (car son estomac est mini en plus) est donc important pour sa bonne santé.

Que font les bébés éléphants pour se consoler ?

On voit parfois des éléphanteaux... sucer leur trompe, comme les bébés humains sucent leur pouce ! Rien d'étonnant à cela pour les scientifiques : ce réflexe de succion, comme on l'appelle, existe chez de nombreux mammifères, dont les petits savent instinctivement téter leur mère dès la naissance. C'est d'ailleurs un tel réflexe que pendant la grossesse, il n'est pas rare de voir des bébés sucer leur pouce pendant l'échographie !

Combien de temps un paresseux met-il à digérer ?

Entre une semaine et un mois (alors qu'il nous faut deux jours) ! Cet animal des forêts d'Amérique du Sud mange lentement, se déplace à peine plus vite qu'un escargot et passe ses journées à dormir ! Sa digestion est tout aussi paresseuse : il ne descend de son arbre qu'une fois par semaine pour uriner et faire ses besoins d'un coup. Cet effort, qui lui coûte beaucoup d'énergie, n'est pas vain : ses crottes et son urine représentent un tiers de son poids lorsqu'il s'en libère !

Les bois des **cerfs** *sont-ils en bois ?*

Malgré leur nom, les bois sont en réalité... faits d'os. Ce sont les cerfs mâles qui en portent. Ils poussent au printemps, puis servent aux combats entre mâles pour séduire les femelles, à l'automne. Ils tombent entre février et avril, sans douleur pour l'animal.

Quel animal a les mêmes empreintes digitales que les humains ?

Le koala

Ce marsupial d'Australie a en effet des empreintes uniques sur chacun de ses doigts, comme les humains. Et les empreintes du koala, marquées de sillons, ressemblent beaucoup aux nôtres. Ce n'est pas le seul animal à en avoir toutefois : les primates (chimpanzés, gorilles...) aussi ont des empreintes digitales à chaque main.

Qu'est-ce que l'**équithérapie** ?

C'est une façon de soigner les gens en s'aidant de la présence d'un cheval. Le médecin et le patient se voient lors de séances où ce dernier va prendre soin de l'animal, le monter ou simplement le caresser... Ces gestes et cette relation avec l'animal aident le médecin à soulager son patient, à travailler avec lui sur ses difficultés, souvent liées à des questions de comportement ou de peurs.

Est-il possible de dormir comme un loir ?

Cette expression décrit quelqu'un qui dort profondément... Mais pas quelqu'un qui pourrait, réellement, dormir aussi longtemps que ce petit rongeur ! Car le loir hiberne d'octobre à avril, la moitié de l'année ! À l'automne, il se gave de nourriture puis s'installe bien à l'abri, dans un nid creusé sous terre ou dans un grenier. Bien au chaud, il tombe alors dans un profond sommeil. Le froid et la faim de l'hiver, très peu pour lui !

De quelle couleur sont les yeux des rennes ?

Ça dépend de la saison ! Et ils n'ont pas besoin de lentilles colorées pour ça ! En été, les yeux des rennes sont marron, puis virent au bleu à l'entrée de l'hiver. Ce bleu signifie, selon les scientifiques, que les yeux des rennes deviennent plus sensibles à la lumière. Ces yeux bleus d'hiver les aident sans doute à repérer le moindre mouvement pendant les longues nuits de l'hiver polaire.

Combien de doigts a une **chèvre** *?*

Elle en a... deux ! La chèvre a deux onglons (ou sabots) au bout de chaque patte. C'est comme si elle marchait sur la pointe de deux doigts, sur ses ongles, alors que nous marchons sur la plante entière de nos pieds ! Les sabots de la chèvre sont faits de kératine, la même matière que nos ongles, et ont besoin d'être taillés une fois par an. Comme elle, le cochon, la vache, le cerf, la girafe ou l'antilope ont deux doigts à leurs sabots. Alors que les chevaux, eux, en ont un seul.

De quelle couleur est la peau de l'ours blanc ?

Noire

Si, si : noire... Comme le bout de son museau ! C'est un avantage pour l'animal, qui vit dans le froid glacial. Dès que le soleil brille, cette couleur foncée emmagasine un maximum de chaleur sous sa fourrure. Laquelle, d'ailleurs, n'est pas... blanche ! Pris un à un, les poils de l'ours polaire sont creux et transparents. C'est la façon dont la lumière se disperse dedans qui donne à sa fourrure une teinte blanchâtre !

Les animaux utilisent-ils des outils?

Oui ! Des primates, des animaux marins, des oiseaux... Les exemples ne manquent pas d'animaux bricoleurs ! Les macaques crabiers d'Asie choisissent la forme et la taille des cailloux qu'ils utilisent pour ouvrir les palourdes dont ils se régalent. Dans le Pacifique, la pieuvre noix de coco, qui porte bien son nom, assemble des noix de coco vides pour se faire des abris. Les corbeaux de Nouvelle-Calédonie, eux, coupent des brindilles qu'ils tordent pour s'en faire des crochets et attraper des larves !

Les animaux ont-ils des **dents de lait** qui tombent ?

Oui : chats, chiens, singes, tigres... ont tous, comme les humains, des dents provisoires. C'est le cas de nombreux mammifères. Ces dents de lait tombent toutes ou en partie, avant de voir pousser les dents définitives. D'autres animaux, les crocodiles ou les requins par exemple, ont en revanche des dents qui poussent et tombent toute leur vie : elles peuvent être remplacées des dizaines de fois !

Les crottes des animaux sont-elles marron comme les nôtres ?

Ça dépend

Celles des mammifères sont assez souvent brun-noir, mais on trouve dans la nature des crottes de toutes les couleurs ! Leur teinte dépend de la nourriture, du lieu de vie, change avec les saisons... Un seul exemple ? La baleine bleue, qui se nourrit de crevettes (le krill), fait de longues crottes orangées flottant sur la mer !

Les animaux savent-ils **compter** ?

Des expériences montrent que de nombreux animaux sont capables de compter, d'ordonner ou de classer. Les primates (chimpanzés, gorilles, macaques...) réalisent de petites additions. Les dauphins savent reconnaître entre deux panneaux avec des points celui qui en présente le moins grand nombre. Les abeilles, elles, donnent carrément un sens au zéro : lorsqu'elles doivent repérer une zone avec le moins de signes dessinés, elles choisissent celle où rien n'a été inscrit !

Les animaux peuvent-ils rire ?

Les scientifiques ont du mal à répondre à cette question ! Certaines grimaces, chez les chimpanzés par exemple, peuvent ressembler à un sourire. On a aussi observé des rats qui couinent dès qu'on les chatouille sous le ventre, comme s'ils rigolaient... Mais comment savoir si ces animaux rient comme nous, avec les mêmes sentiments ? N'empêche : aujourd'hui, on s'intéresse de plus en plus aux émotions que les animaux pourraient ressentir.

Les **chiens** se reconnaissent-ils dans un miroir ?

A priori, non : ils ne réussissent pas ce que les scientifiques appellent le test du miroir. Cette expérience consiste à placer un animal devant un miroir, après avoir fait une tache de peinture sur lui sans qu'il le sache. S'il tente d'enlever cette tache en se voyant dans le miroir, on en déduit qu'il se reconnaît dans son reflet. La pie ou le chimpanzé réagissent à ce test, mais pas le chien, ni le chat. Certains scientifiques, toutefois, pensent que le test n'est peut-être pas adapté à ces animaux, pour qui l'odeur compte par exemple plus que la vue !

Les chiens font-ils des rêves ?

Sans doute

Évidemment, les chiens ne peuvent pas nous les raconter... Pourtant, comme nous, ils rêvent sans doute pendant leur sommeil. D'abord, il arrive qu'ils s'agitent, gémissent ou aboient en dormant. Comme s'ils vivaient un rêve. Ensuite, l'étude de leur sommeil montre qu'ils ont des périodes de sommeil qu'on appelle paradoxal : le cerveau est alors très actif et les rêves se produisent à ce moment-là. Reste à savoir de quoi ils rêvent...

Pourquoi les chats miaulent-ils ?

Les chats miaulent lorsqu'ils sont tout bébés, puis jeunes chatons, pour communiquer avec leur mère. C'est une façon de l'appeler. En revanche, les chats adultes ne miaulent plus vraiment entre eux... Mais continuent à le faire avec leurs humains de maîtres ! Les scientifiques pensent que les chats miaulent d'une façon spéciale avec les humains, pour essayer de faire comprendre ce qu'ils veulent : manger, sortir... Le miaulement du chat nous fait réagir, comme un pleur, et les chats l'ont très bien compris !

Les chats préfèrent-ils le lait à l'eau ?

Non ! Oublie cette image qu'on trouve dans tous les dessins animés et les contes : le lait n'est pas bon pour le chat adulte, il faut lui donner de l'eau à boire. Si le chaton tète le lait de sa mère après la naissance, une fois grand, le chat digère mal le lait et doit éviter d'en boire.

Les chats sont-ils **gauchers** *ou* **droitiers** ?

Des chercheurs anglais se sont penchés sur cette question en étudiant le comportement d'une cinquantaine de chats chez eux. Et ils auraient en effet, pour les trois quarts d'entre eux, une patte préférée pour attraper leur nourriture ou commencer à descendre les escaliers, par exemple. Les scientifiques ont aussi observé, sans pouvoir l'expliquer, que les chats mâles sont plutôt gauchers et les femelles droitières.

Combien pèse un bébé baleine bleue ?

À sa naissance, après 11 à 12 mois passés dans le ventre de sa mère, le baleineau bleu pèse 2 500 kg. C'est le poids de deux voitures ! Sa longueur, 7 m, est comparable à celle d'un bus ! Il grandit très vite en plus : chaque jour, il tète jusqu'à 500 l de lait de sa mère et voit son poids grimper d'environ 90 kg. Lorsqu'il commence à se nourrir de crevettes au bout de 8 mois, sa taille a déjà doublé par rapport à sa naissance !

Est-ce vrai que les poissons rouges n'ont pas de mémoire ?

Non !

Le poisson rouge n'a pas une mauvaise mémoire contrairement à ce qu'on dit... Des expériences ont montré que le carassin doré, c'est son nom, se souvient naturellement d'un événement pendant 24 h. Il peut même, avec de l'entraînement, retenir des signaux pendant 3 mois.

Pourquoi ne faut-il pas donner de chocolat à un chien ?

Parce que cet aliment est toxique pour un chien. Un morceau de 100 g peut être un poison mortel pour un petit chien de 10 kg. Le chocolat, qui dérègle son rythme cardiaque, n'est pas le seul aliment à éviter : l'ail, l'oignon, certains fruits comme le raisin, la prune ou la poire sont aussi mauvais pour lui. Attention, enfin, aux os : très pointus une fois cassés, ils peuvent perforer son estomac ou ses intestins.

À quoi servent les **aquariums** chez les médecins ?

Un aquarium, c'est beau à voir... et ça fait vraiment du bien à regarder ! Des études ont montré que lorsque des patients pouvaient regarder le ballet des poissons et des algues dans un aquarium, chez leur médecin ou leur dentiste, ils se sentaient moins stressés et leur rythme cardiaque ralentissait. Apaisés, ils ressentent même moins la douleur !

Combien de bras a une **pieuvre** ?

Huit ! Qu'on les appelle pieuvre ou poulpe, ces animaux font partie de la famille des octopodes, autrement dit des animaux à huit pieds. Elles n'ont pas seulement quatre fois plus de bras que nous... Les pieuvres ont aussi trois cœurs, un central et deux plus petits. Elles ont, en plus d'un cerveau principal, huit autres centres de décision, un par tentacule ! Ce sont des animaux qui font preuve d'une redoutable intelligence, en plus de leurs incroyables prouesses en terme de camouflage !

Quel animal a une dent presque aussi longue que lui ?

Le narval ! On le surnomme aussi licorne des mers, à cause de la longue défense torsadée que portent les mâles de cette espèce de cétacés nageant dans l'océan Arctique. En fait, c'est l'incisive gauche du narval qui perce sa gencive, et pousse ainsi jusqu'à 3 m de long ! Presque la longueur du narval, qui peut mesurer 5 m. Cette défense, qui ne lui sert pas à se battre, serait en fait un superdétecteur, fournissant des informations sur la température, la pression ou encore la quantité de sel dans l'eau !

Les **poissons** respirent-ils de l'eau ?

Non, ils ont eux aussi besoin d'oxygène pour respirer. Nous trouvons directement ce gaz dans l'air autour de nous. Les poissons, eux, le capturent grâce à leurs branchies. Ce sont des sortes de filtres, de chaque côté de leur tête, qui extraient l'oxygène de l'eau pour le distribuer dans le corps du poisson.

Quel est le seul animal dont le mâle porte les petits dans son ventre ?

L'hippocampe

Il porte bien son nom ce drôle de poisson aussi surnommé cheval de mer (en grec, *hippo-* veut dire « cheval » et *-camp*, « marin ») ! On en a repéré une cinquantaine d'espèces à ce jour. Il n'y a pas que son allure qui est unique : chez l'hippocampe, c'est la femelle qui dépose un millier d'œufs dans une sorte de poche ventrale du mâle, qui va ensuite en prendre soin jusqu'à leur éclosion, environ 3 semaines plus tard.

Les **dauphins** ne dorment-ils vraiment que d'un œil ?

Oui ! Les dauphins laissent dormir la moitié de leur cerveau pendant que l'autre reste éveillée pour assurer leur nage, leur respiration, leur surveillance face à des prédateurs... Et ils ont vraiment un seul œil fermé. La plupart des cétacés, comme le marsouin ou le béluga, dorment ainsi par petites tranches de moins d'une heure, plusieurs fois par jour. Les cachalots, eux, ont déjà été observés dormant en groupe, les deux yeux fermés... à la verticale dans l'eau !

Pourquoi ne faut-il pas faire pipi sur une piqûre de méduse ?

Parce que ça ne sert à rien, sinon, à risquer de l'infecter ! Quand on se fait piquer par une méduse, il faut d'abord retirer les piquants venimeux de l'animal qui ont pu rester sur la peau. Pour cela, le mieux est de passer sur la piqûre la tranche d'un carton, d'une carte bancaire, voire du sable. Puis, il faut rincer la zone à l'eau de mer et bien désinfecter une fois rentré à la maison. Si la rougeur et la brûlure persistent après un ou deux jours, il est plus sage de consulter un médecin.

Les dinosaures buvaient-ils la même eau que nous ?
Les hommes préhistoriques mangeaient-ils des spaghettis ?

HISTOIRE

Plonge tête la première dans les petites et les grandes histoires des hommes ! Y a pas meilleur remède pour (bien) passer le temps !

Pourquoi les médecins du Moyen Âge envoyaient-ils parfois leurs malades chez le **barbier** ?

Parce qu'à cette époque, tous les médecins ne pratiquaient pas forcément les petites opérations chirurgicales. Certains s'y refusaient même et c'étaient des barbiers-chirurgiens, comme on les appelait, qui s'en chargeaient. Ils pratiquaient des saignées (couper une veine pour prélever une partie du sang du malade), s'occupaient des plaies ouvertes, des bosses à inciser... Puis, à partir du 18e siècle, des chirurgiens formés à la médecine les ont peu à peu remplacés.

Quelle était la recette de la thériaque, le remède universel au Moyen Âge ?

Il n'existait pas une mais des recettes de thériaque ! Chaque ville avait la sienne, plus ou moins réputée. Pour fabriquer cette pâte, qu'on considérait capable de tout guérir ou presque, on faisait macérer pendant des mois (parfois des années !) des dizaines d'ingrédients : de la vipère, de l'huile de castor, du vin, du poivre, de la rose, du miel, de l'iris...

Quelle maladie transportée par les rats a fait des millions de morts autrefois ?

La peste

Cette maladie a été la cause d'épidémies, jusqu'au 19e siècle essentiellement, qui ont fait parfois des millions de morts. On associe les rats à la peste mais c'est en réalité leurs puces, infectées, qui la transmettent en piquant aussi les hommes.

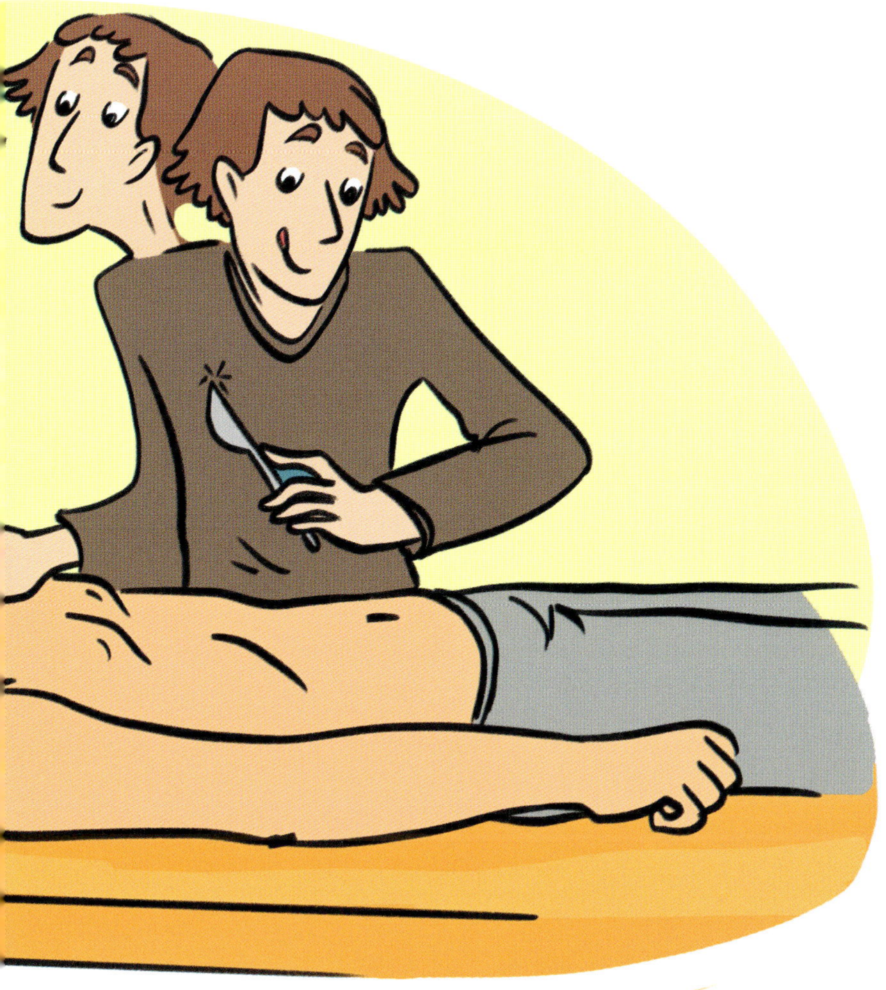

Quel goût avait le dentifrice de **Charlemagne** ?

Ni goût fraise ni goût menthe ! Au Moyen Âge, on conseillait de se laver les dents avec des préparations à base de poudre de corail, de pierre ponce ou de poudre d'os de seiche. Cela devait décaper un peu la bouche ! On ajoutait à la préparation divers ingrédients selon les recettes : on pouvait trouver dedans du vin, des clous de girofle, du fenouil ou encore de la cannelle...

Combien de branches y avait-il sur les premières lunettes ?

Aucune ! Les premières lunettes, au 13e siècle, étaient deux verres grossissants, calés dans une monture en bois ou en métal, qu'il fallait tenir devant ses yeux. Puis on a inventé les lunettes pince-nez, les lunettes à tempes (qui serraient le front) ou à cordon (attaché derrière la tête). Il a fallu attendre le 18e siècle pour que les premiers modèles à branches en métal soient fabriqués : on les surnommait alors... lunettes à oreilles !

HISTOIRE

Les **hommes préhistoriques** mangeaient-ils des spaghettis ?

Ils mangeaient des céréales telles que le blé, dont on fait les pâtes, mais ils ne dégustaient probablement pas de spaghettis ! Les traces les plus anciennes de céréales cuites ou en bouillie dans l'alimentation remontent à 9 000 ans. En Europe, la plus vieille recette de pâtes de blé trouvée par les scientifiques date de 1700 ans, dans la Grèce antique. Ce n'était pas des spaghettis, mais des pâtes ressemblant à des lasagnes.

Les **dinosaures** *buvaient-ils la même eau que nous ?*

Oui ! Toutânkhamon, César, Louis XIV et Einstein aussi ! Car sur Terre, l'eau est sans cesse recyclée, au fil des milliers d'années : elle tombe en pluie des nuages, s'infiltre dans le sol, coule dans les fleuves et les océans, puis s'évapore vers l'atmosphère et les nuages... avant de retomber à nouveau sur Terre en pluie ou en neige ! C'est ce qu'on appelle le cycle de l'eau.

Depuis quand perce-t-on les oreilles pour porter des bijoux ?

Au moins 5000 ans ! Ötzi, l'homme préhistorique dont on a retrouvé la momie dans les Alpes en 1991, avait déjà les oreilles percées. Des tribus d'Afrique et d'Asie pratiquaient aussi le piercing. Plus tard, on retrouve des boucles d'oreilles dans la Grèce et la Rome antiques, bijoux portés autant par les hommes que les femmes.

Les hommes préhistoriques allaient-ils chez le dentiste ?

Il existe en tout cas des indices montrant que les hommes préhistoriques pratiquaient sans doute des soins sur les dents ! On a ainsi trouvé des traces de frottements (avec des cure-dents en os ou bois peut-être) sur des molaires vieilles de 130 000 ans. Puis un trou pratiqué au silex dans une dent de 14 000 ans, et une sorte de résine posée pour boucher une dent fissurée, il y a 13 000 ans.

Comment les pharaons égyptiens se sont-ils transformés en momies ?

Dans l'Égypte ancienne, préparer le corps d'un mort pour en faire une momie était le travail des embaumeurs. Ils retiraient les organes du corps, y compris le cerveau avec des crochets passés par le nez. Le corps était ensuite recouvert de natron (une sorte de sel) puis enduit de crèmes grasses et entouré de bandelettes en lin. Certaines momies, comme celle de Ramsès II, se sont ainsi conservées plus de 3 000 ans !

Que faisaient les Romains aux latrines ?

Ils allaient y faire leurs besoins naturels ! Les latrines romaines étaient les toilettes de la Rome antique. Les maisons riches avaient leurs propres latrines. Mais il existait aussi des latrines publiques et... collectives ! On y trouvait des rangées de sièges creux, sur lesquels les Romains faisaient leurs besoins ensemble. On a retrouvé des latrines à 50 places dans le Paris de l'Antiquité, alors appelé Lutèce !

Qui a donné son nom aux toilettes publiques ?

Vespasien

Vespasien était un empereur romain de l'Antiquité. Tout le monde dit qu'il a inventé les toilettes publiques... mais c'est faux ! Il a en réalité inventé une taxe sur l'urine ! Car à l'époque romaine, l'urine était un liquide précieux : récupérée dans les latrines et vendue, elle servait à nettoyer les tissus et les peaux. Bien plus tard, lorsque des toilettes publiques ont été installées à Paris au 19e siècle, on les a appelées vespasiennes... comme l'empereur !

Comment les Romains prenaient-ils leur **bain** ?

Les Romains, dans l'Antiquité, aimaient aller aux thermes : c'étaient de grands bassins (comme nos piscines) dans lesquels ils prenaient des bains d'eau froide ou chaude. Ils allaient aux thermes pour se détendre, discuter, parler affaires... C'était une activité habituelle dans la journée. Quant au lavage, lui, il se faisait plutôt à l'huile : les Romains s'en enduisaient puis passaient un grattoir pour ôter les saletés et les peaux mortes de leur corps.

Quand les enfants égyptiens voyaient-ils passer la **petite souris** ?

À l'époque des pharaons, les médecins égyptiens appliquaient une pâte spéciale sur les dents des enfants lorsqu'elles poussaient et que ça leur faisait mal. Cette préparation était à base... de souris écrasée ! Sur des papyrus médicaux, il était aussi conseillé aux adultes qui avaient mal aux dents de mâcher une souris !

Pourquoi **Fernand de Magellan** souffrait-il du manque de fruits sur son navire ?

Parce que les fruits frais apportent de la vitamine C, indispensable pour être en bonne santé. Les navigateurs, comme le célèbre Portugais Fernand de Magellan, n'en avaient pas à bord, pendant leurs longues expéditions. Ils souffraient donc du scorbut, une maladie grave qui déchaussait leurs dents, provoquait des saignements et les affaiblissait. En 1519, la plupart des marins de Magellan en sont morts lors de son premier tour du monde ! Le scorbut a tué nombre de marins jusqu'au 18e siècle, avant qu'on comprenne comment l'éviter grâce à la vitamine C, en consommant des fruits frais... ou de la choucroute !

Pourquoi les dames posaient-elles des mouches sur leur peau autrefois?

Pour faire joli ! Rien à voir avec l'insecte que tu connais : une mouche, à l'époque, c'était un petit point dessiné ou un petit bout de tissu léger, collé sur la peau. C'était très à la mode au 18e siècle, à la cour du roi, et les dames s'en posaient sur le visage ou le décolleté pour être séduisantes. Elles emportaient donc leur boîte à mouches dans leurs affaires de toilette !

Où se faisaient les opérations chirurgicales au 18e siècle ?

Elles n'avaient pas encore lieu à l'hôpital, car la profession de chirurgien n'existait pas encore comme aujourd'hui. Les gens riches qui pouvaient se payer les services d'un médecin-chirurgien se faisaient opérer chez eux, sur une table, et à l'occasion notamment une table de billard. L'expression passer sur le billard, pour se faire opérer, est peut-être née de cette pratique de l'époque.

Pourquoi faisait-on des saignées à Louis XIV ?

Parce que les médecins de l'époque pensaient que faire une saignée pour prélever du sang aidait à guérir ! On estimait en effet que la santé dépendait du bon équilibre entre quatre humeurs dans le corps : l'air, le feu, l'eau et la terre. Les saignées étaient censées chasser une de ces humeurs en excès lorsqu'on était malade. En réalité, elles affaiblissaient encore plus les patients.

Quel légume a rendu célèbre Antoine Parmentier ?

La pomme de terre

Antoine Parmentier, savant du 18e siècle, a fait connaître la pomme de terre en France alors que les gens ne voulaient pas en manger, la pensant toxique. On raconte que Parmentier aurait eu l'idée de faire surveiller des champs de pommes de terre... répandant ainsi l'idée de sa grande valeur ! Et la patate s'est enfin retrouvée sur les tables françaises !

HISTOIRE

Pourquoi Louis XIV et ses contemporains avaient-ils peur de l'eau ?

Ils pensaient que l'eau transportait les maladies et évitaient plutôt son contact ! Un bain une fois par mois, cela semblait suffisant... Du coup, à l'époque, c'était la grande mode des parfums, dont Louis XIV était très fan : à la cour, on se parfumait le corps avec des huiles ou des poudres, on en aspergeait ses vêtements. S'ils n'évitaient pas les maladies, comme on le croyait pourtant, les parfums masquaient au moins les mauvaises odeurs dues au manque d'hygiène !

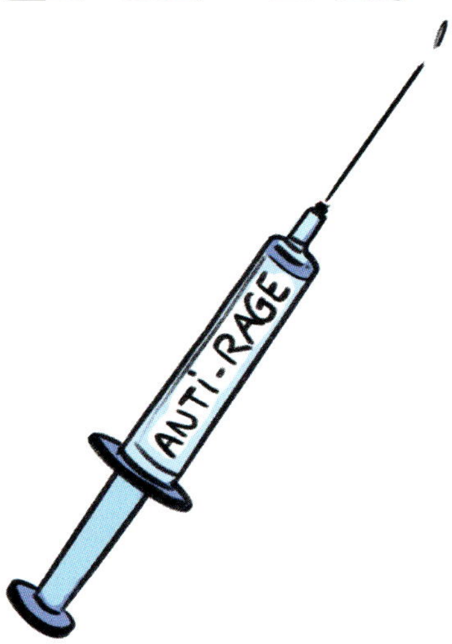

Qu'a découvert le Français Louis Pasteur au 19e siècle ?

Le scientifique français Louis Pasteur est célèbre pour avoir travaillé sur les microbes et montré que désinfecter est indispensable pour éviter qu'ils prolifèrent. Chauffer fortement un produit est aussi un moyen de tuer les microbes à l'intérieur : cette méthode a gardé le nom du scientifique, c'est la pasteurisation. Enfin, Louis Pasteur a mis au point le vaccin contre la rage.

Que faisait-on autrefois au cœur des **rois** lorsqu'ils mouraient ?

Le cœur des rois français était retiré de leur corps après la mort. Cet organe n'était pas enterré avec le souverain mais placé dans un récipient à part. Le cœur des rois était ainsi conservé comme une relique, un objet précieux et sacré, parfois dans une église. Certains ont été offerts comme cadeau prestigieux !

À quoi servait une chaise percée autrefois?

À aller aux toilettes

Les chaises percées sont les ancêtres des toilettes. Elles étaient utilisées par les gens aisés ou riches dans leur demeure. Un récipient permettait de recueillir l'urine et les selles dessous. Il était ensuite vidé par les domestiques. Ce n'est qu'au 19e et 20e siècles que les toilettes à chasse d'eau se sont installées dans les maisons.

Qui a inventé le pansement ?

Pas facile à dire ! On a toujours cherché à protéger les plaies. Dans l'Égypte antique, par exemple, on mettait de la viande fraîche ou du miel dessus... Toutes sortes de produits ont ainsi été utilisés au fil du temps. Au 19e siècle, on a compris ce qu'étaient les microbes : on a alors commencé à désinfecter puis isoler la plaie avec des bandes de tissu propres. Le pansement adhésif, lui, est né au début du 20e siècle.

Avec quelle échelle mesure-t-on la vue ?

L'échelle de Monnoyer

Il s'agit d'une affiche avec des lignes de lettres de différentes tailles : ZU, MCF, OHSUE... Tu as sûrement déjà eu à lire ces lignes ! Ce test a été inventé par le scientifique français Ferdinand Monnoyer en 1875, pour mesurer l'acuité (la précision) des yeux.

Qui a dressé le premier chien **guide d'aveugle** ?

L'idée remonte à 1916, en Allemagne. Un médecin, Gerhard Stalling, crée un centre de dressage de chiens, pour aider dans leur quotidien les blessés de guerre ayant perdu la vue. En France, c'est en 1951 que Paul Corteville, un passionné de chiens, se lance dans l'aventure : son premier chien guide, Dickie, un berger allemand, est dressé pour aider un ami aveugle, René Blin. Paul Corteville créera ensuite une association de chiens guides : depuis, des milliers ont été dressés et continuent à l'être pour aider les malvoyants dans leur vie de tous les jours.

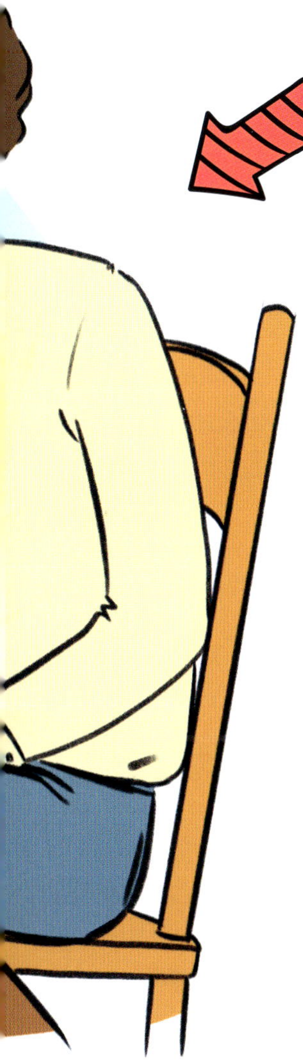

Quel **légume** a été considéré comme poison puis comme médicament ?

La tomate ! Jusqu'au début du 19e siècle, beaucoup de gens la pensaient poison. Le ketchup, la plus célèbre sauce américaine, n'en contenait pas à l'époque : on le faisait à base de champignons ! Puis, dans les années 1820, un Américain, John Bennett, s'est mis à vendre des comprimés à la tomate dans le pays, bons pour la santé d'après lui... C'est après, vers les années 1850, que la tomate est devenue l'ingrédient principal du ketchup, alors recommandé pour ses bienfaits !

Pourquoi le mot vaccin ressemble au mot vache ?

Le mot vaccin vient de vaccine, une maladie des vaches qui ressemblait à la variole, une autre maladie, des humains cette fois-ci, et qui a fait des milliers de morts jusqu'au 20e siècle. C'est en étudiant la vaccine, en 1798, que l'Anglais Edward Jenner a eu l'idée d'un traitement nouveau contre la variole : injecter des microbes affaiblis pour entraîner le corps à se défendre contre eux. Il venait d'inventer le vaccin !

Depuis quand met-on des plâtres sur les os cassés ?

On a longtemps attaché autour d'un os cassé une attelle, un morceau de bois par exemple, pour l'empêcher de bouger le temps de la cicatrisation. Des bandes de tissus maintenues par de l'œuf séché ont aussi été utilisées. C'est à partir du 19e siècle que le plâtre, cette poudre blanche dont on fait des murs, s'est imposé, d'abord pour les blessés sur les champs de bataille.

SPLASH!!
Pourquoi le **saule** est-il efficace contre le mal de tête ?
Pourquoi faut-il trier ses **déchets** ?

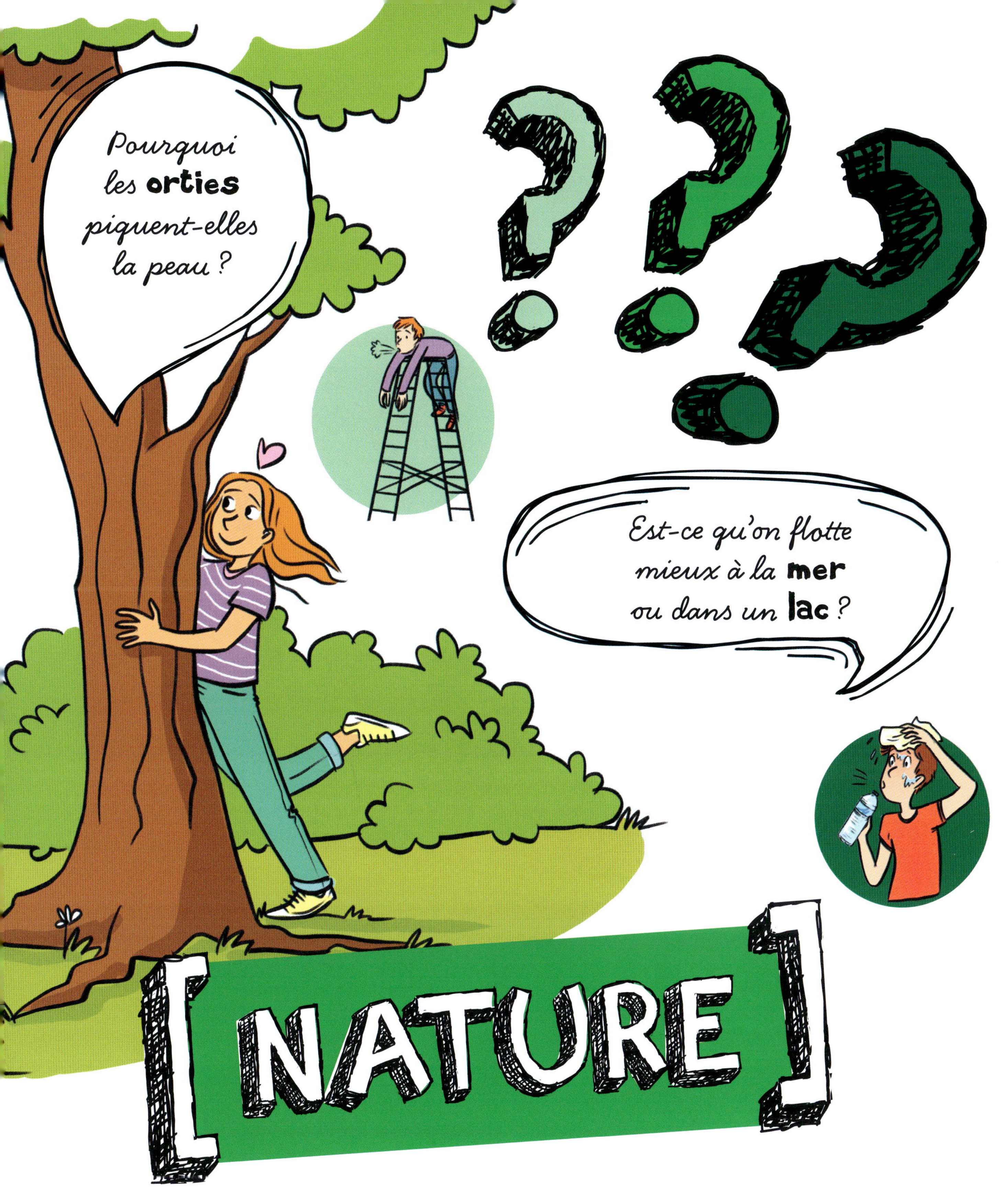

[NATURE]

Se mettre au vert, quelle bonne idée ! Pour découvrir les secrets de la nature, tu es sur la bonne piste… Respire à pleins poumons, c'est parti !

Quelle **plante** mousse comme un savon ?

La saponaire officinale ! Cette plante à fleurs blanches était autrefois surnommée savon végétal. Car les feuilles et les racines de cette plante, lorsqu'elles sont écrasées dans l'eau, moussent ! On les utilisait pour laver le linge à défaut de lessive. Les Romains s'en servaient aussi pour soigner les démangeaisons de peau, en préparant des bains à la saponaire.

Pourquoi les orties piquent-elles la peau ?

Parce que les tiges et les feuilles des orties sont hérissées de minuscules poils, comparables à des aiguilles cassantes comme du verre. Dès qu'on les frôle, elles se plantent dans la peau et se brisent ! Le problème ? Les poils des orties contiennent un produit urticant qui, libéré dans la peau, l'irrite illico. Elle rougit : ça pique et ça gratte !

D'où vient l'arnica de la célèbre crème contre les bosses ?

L'arnica est une fleur jaune qui se cueille en montagne. En France, c'est dans le massif des Vosges qu'elle pousse et est ramassée chaque année au début de l'été. La cueillette de cette fleur sauvage est très contrôlée. On en fait des crèmes, des gélules, de l'huile... L'arnica est une plante qui permet d'éviter ou d'atténuer les réactions douloureuses du corps après ce qu'on appelle un traumatisme, c'est-à-dire une chute ou un choc par exemple.

Pourquoi les tiges de **blé** *coupent-elles facilement la peau ?*

Parce que les tiges et les feuilles de cette céréale renferment de la silice. Cette substance est la même que celle qu'on trouve dans le verre ! Grâce à la silice, les tiges creuses du blé ne sont pas fragiles mais se dressent bien droites et rigides, avec leurs lourds épis au bout. L'inconvénient, c'est qu'elles ne plient pas et peuvent être couchées au sol d'un bon coup de vent ou de pluie.

Quelle plante a inspiré le velcro ?

La bardane

L'inventeur du velcro, le Suisse George de Mestral, a eu l'idée de ces crochets agrippants lors d'une balade dans la campagne avec son chien. Celui-ci avait les poils envahis de fruits de bardane, des sortes de petites boules piquantes qui s'accrochent sur tout ce qui passe à leur portée. George de Mestral a eu tellement de mal à les enlever qu'il a étudié leur système d'accroche et s'en est inspiré pour créer le velcro !

Qu'y a-t-il dans le compost ?

Du pourri ! Eh oui : le compost se fabrique en faisant décomposer, pourrir donc, des restes de végétaux ou de repas. On met dedans des épluchures de légumes, du pain, des coquilles d'œufs... On peut aussi y jeter l'herbe tondue et les feuilles mortes. Tout un tas de bestioles, insectes et vers de terre, vont se charger de digérer ces déchets verts et d'en faire de l'engrais avec le temps. Parfait pour le jardin ! Comme quoi le pourri, c'est top pour faire pousser et manger de bons légumes !

Que devient le **verre** recyclé ?

Du verre ! Bien trié, le verre est recyclable à l'infini ! Alors pense bien à le jeter dans le bac à verre. Une fois récupérés, les pots de confiture, les bocaux de conserve, les bouteilles de jus de fruit, les flacons de parfum... sont mis en tout petits morceaux puis chauffés à 1 400°C. Ils fondent et la pâte obtenue est coulée dans des moules pour fabriquer de nouveaux pots, bouteilles ou bocaux ! C'est une bonne nouvelle pour la planète et pour nous : le verre est parfait pour conserver sans risque les aliments.

Où l'air est-il le plus pollué : dans la maison ou dehors ?

À la maison

On a du mal à le croire, mais c'est vrai : quand on mesure la qualité de l'air, dans les rues et dans les maisons, c'est effectivement à l'intérieur que l'air est le moins bon. C'est dû aux nombreux produits chimiques dans les peintures des murs, les colles des meubles, les plastiques des nombreux équipements... qui relâchent des polluants dans chaque pièce. La solution ? Aérer tous les jours au moins 10 minutes pour changer d'air !

Pourquoi faut-il trier ses **déchets** ?

Parce que ça diminue la pollution qu'on laisse sur la planète ! Les déchets envoyés direct à la poubelle sont brûlés en général et cela dégage des gaz polluants. Certains sont enterrés et ça pollue le sol. Du coup, ce sont les plantes, puis les animaux, puis nous, en les mangeant, qui retrouvons les polluants dans notre assiette. Il est donc important de réduire ses poubelles en faisant du tri avant, pour recycler ! Moins on jette, moins on pollue !

Avec quoi fabrique-t-on le verre ?

Avec du sable ! Eh oui : le sable est l'ingrédient principal et indispensable pour fabriquer du verre, car il contient de la silice. C'est la silice qui se transforme en verre, quand on la fait fondre à haute température, au-dessus de 1 500°C. Une fois fondue, cette pâte de verre est versée dans un moule ou soufflée, pour fabriquer un récipient. Lequel, en refroidissant, va se solidifier. Pour renforcer la solidité du verre, on le cuit parfois une seconde fois ou on le trempe (on le refroidit brutalement).

Pourquoi la **pluie** fait-elle friser les cheveux ?

Plus exactement, c'est une météo humide qui fait boucler les cheveux. S'il pleut vraiment, les gouttes d'eau alourdissent les cheveux qui, trempés, comme sous la douche, sont raplaplas ! Mais lorsque le temps est humide, une partie de cette humidité de l'air va venir créer des ponts minuscules (il faudrait un microscope pour les voir) entre les cheveux et les faire ainsi frisotter !

Pourquoi le **soleil** fait-il rougir la peau ?

Un coup de soleil est comme une brûlure de la peau. Elle survient lorsqu'on reste trop longtemps au soleil sans protection. Les rayons du soleil (qu'on appelle les rayons UV) pénètrent dans la peau et l'attaquent : une inflammation douloureuse apparaît, qu'on appelle le coup de soleil. C'est rouge car le sang afflue sous la peau, dans la zone agressée par le soleil pour aider à sa réparation. Alors pour éviter tout dégât, au soleil, c'est chapeau, t-shirt et crème solaire !

Est-ce qu'on peut boire les flocons de neige ?

Non !

Très mauvaise idée ! D'abord, croquer de la neige refroidit très vite et beaucoup le corps. Ensuite, même si la neige, c'est de l'eau, elle ne contient pas de minéraux (du calcium, du magnésium...) comme celle qu'on trouve en bouteille ou au robinet. Or, le corps en a besoin et boire de l'eau déminéralisée comme on dit, peut vite être dangereux pour le corps.

Pourquoi a-t-on plus envie de faire pipi quand il fait froid ?

Les scientifiques ne sont pas tous d'accord sur l'explication. Si on a envie d'aller aux toilettes, c'est que la vessie, la poche qui retient l'urine, se contracte. Certains pensent que le froid contracte la vessie comme l'ensemble des muscles du corps (la vessie est un muscle). D'autres pensent que l'afflux de sang vers l'intérieur du corps, plutôt qu'aux extrémités, oblige les reins à travailler plus : les reins flitrent plus de sang et de déchets et envoient donc plus d'urine dans la vessie. Le résultat est le même : aux toilettes, vite !

Pourquoi le vent fait-il pleurer ?

Les yeux ont besoin d'être en permanence baignés, nettoyés et protégés par le liquide lacrymal, c'est-à-dire les larmes. Or le vent, en soufflant fort, assèche les yeux. Lorsqu'ils deviennent secs, leur réaction de défense naturelle est d'activer en urgence la fabrication de larmes... Arrosage maximum ! Bref, le vent fait pleurer les yeux parce qu'on manque de larmes ! En temps normal, on en fabrique un grand verre (0,3 l) chaque jour, dans les glandes lacrymales (deux mini poches au-dessus des yeux).

Est-ce que plus de bébés naissent à la pleine lune?

Non !

C'est une idée largement répandue... depuis des lunes! Mais elle est fausse: le nombre de naissances n'augmente pas au moment de la pleine lune. Toutes les études des chiffres officiels des naissances, en France, aux États-Unis... le montrent.

Quelle vitamine est fabriquée par notre corps grâce au soleil?

La vitamine D! C'est une des vitamines dont le corps a besoin. On en trouve un peu dans les poissons gras (saumon, thon...) mais nous la fabriquons essentiellement grâce à l'action de la lumière du soleil. La vitamine D aide à la croissance des os, à l'organisation des défenses contre les microbes... Alors pour en fabriquer assez, il faut mettre le nez dehors tous les jours, même l'hiver!

D'où viennent les **mirages**?

Les mirages les plus connus se produisent dans le désert. On voit à l'horizon quelque chose, un palmier par exemple, à l'envers et à un endroit où il ne se trouve pas en réalité. Le palmier existe vraiment, mais on ne devrait pas le voir tellement il est loin. Alors que se passe-t-il? L'image du palmier est déviée par l'air très chaud, au-dessus du sol. On voit du coup le palmier se former à l'envers, bien plus près de nous qu'il ne l'est vraiment! Notre cerveau en déduit qu'un palmier se trouve à proximité et se reflète dans de l'eau... C'est un mirage.

Faut-il qu'il fasse nuit pour bien dormir?

En tout cas, être dans le noir complet aide à bien dormir. Car l'obscurité envoie un signal au cerveau lui indiquant que le moment est venu de se reposer. Celui-ci produit alors une substance, la mélatonine, qui favorise le sommeil.

À quoi ça sert de prendre des **bains de boue** ?

La boue fait partie des produits naturels recommandés pour aider à soulager certains problèmes de santé, comme les douleurs aux articulations et les problèmes de peau. Les boues contiennent de l'eau, de l'argile (on dit aussi glaise parfois) et des minéraux (du potassium, du calcium...) qui favorisent le bien-être du patient.

Est-ce qu'on flotte mieux à la **mer** ou dans un **lac** ?

Faire la planche sera plus facile à la mer que dans un lac d'eau douce! Si on flotte dans l'eau, c'est parce qu'elle nous porte : l'eau qu'on déplace, en dessous de nous, est plus dense que nous. Dense ? La densité, on peut comprendre ce que c'est en comparant une brique et une éponge de même taille : l'éponge a une faible densité, plus faible que celle de l'eau et flotte. La brique a une forte densité, plus élevée que celle de l'eau et coule. En ajoutant du sel dans l'eau, on augmente la densité de l'eau : elle nous porte donc encore mieux !

Pourquoi l'eau de mer nettoie-t-elle le nez ?

On ne sait pas bien pourquoi l'eau de mer aide au lavage du nez. Elle est naturellement salée et on peut penser que le sel aide à mieux faire sortir le mucus (la morve) des parois du nez pour bien les nettoyer. Cela permet de limiter la multiplication des microbes dedans. L'eau de mer contient aussi des minéraux (magnésium, zinc...) qui peuvent aider le corps à lutter contre le rhume.

D'où vient **l'oxygène** *qu'on respire ?*

De l'océan ! Des algues microscopiques de l'océan plus exactement. Elles fabriquent cet oxygène pour se développer. Ces algues, qu'on appelle aussi du phytoplancton, sont comme les plantes et les arbres sur la terre ferme : elles transforment la lumière du soleil en sucres, dont elles se nourrissent, et rejettent de l'oxygène à la place (c'est un déchet pour elles). Le phytoplancton est si abondant dans les océans qu'à lui seul, il fabrique plus de la moitié de l'oxygène de l'air qu'on respire.

Pourquoi le saule est-il efficace contre le mal de tête ?

À cause de l'aspirine

Parce que le saule blanc contient un ingrédient de base qui permet de fabriquer ce médicament contre la fièvre et les douleurs. C'est Pierre-Joseph Leroux, un pharmacien français, qui a réussi à extraire la salicyline, dont on a fait l'aspirine. Aujourd'hui, on connaît mieux la salicyline et on fabrique ce médicament directement en laboratoire.

Pourquoi a-t-on parfois le mal de mer ?

Le mal de mer est dû à un décalage entre ce qu'on voit d'une part, et ce qu'on ressent d'autre part. Quand on est sur un bateau, le cerveau n'arrive pas à concilier le fait qu'on soit immobile (assis ou debout en bateau) et en même temps en train de bouger (le bateau fend les vagues, il se met à tanguer...) ! Le cerveau est perturbé : on a envie de vomir, des vertiges... Ça se calme en général au bout de quelques heures, le temps pour le cerveau de s'habituer.

Qu'est-ce que les **bains de forêts** ?

Les scientifiques appellent ça la sylvothérapie. L'idée est née au Japon, où ces bains de forêts sont plus populaires qu'en France, et pratiqués depuis plusieurs années. L'idée est simple : se promener dans les bois et être au contact des arbres aide à se détendre, à déstresser. Ça diminue le rythme cardiaque et l'organisme produit des substances favorables au bien-être. Alors promenons-nous dans les bois...

Pourquoi fait-on de la fumée avec la bouche l' **hiver** *?*

Ce n'est pas de la fumée, heureusement : c'est une sorte de mini nuage qui se forme devant la bouche ! Quand on parle, on évacue de l'air chaud de nos poumons. Il y a de l'humidité dans cet air, de la vapeur d'eau. Lorsqu'elle arrive à l'extérieur, au contact du froid de l'hiver, la vapeur d'eau se transforme en petites gouttelettes, exactement comme dans un nuage. Ce sont elles qu'on voit devant notre bouche. D'ailleurs, si on souffle sur une vitre froide, on dépose ces gouttelettes en buée : on peut dessiner au doigt dessus, et de l'eau coule !

Pourquoi doit-on boire plus l'été ?

Parce qu'on transpire beaucoup quand il fait chaud ! Notre corps perd environ 2 l d'eau chaque jour par la sueur, l'urine et la respiration. Il faut donc lui en apporter autant pour compenser. Pour ça, il faut boire et compter sur les aliments riches en eau comme les fruits et les légumes. S'il fait très chaud, si on fait du sport, il faut boire plus car on transpire plus ! Et ne pas attendre d'avoir soif, c'est déjà un signal d'alerte !

À quelle saison grandit-on le plus ?

À la belle saison ! D'après les courbes de croissance des enfants, il semble en effet qu'ils prennent plus de centimètres durant l'été et le printemps qu'en hiver. Des scientifiques se demandent si c'est l'effet grandes vacances : les enfants seraient moins stressés, mangeraient mieux et se reposeraient davantage (le sommeil est indispensable à la croissance) pendant l'été. Donc ils grandissent plus !

À quoi servent les **pierres de volcan** dans la salle de bain ?

Dans la salle de bain, on les appelle plutôt des pierres ponces. Ce sont des pierres légères (elles flottent !), faites de lave refroidie et solidifiée. On les frotte sur les pieds pour enlever les peaux mortes et dures. Les pierres ponces sont aussi utilisées pour user les jeans et leur donner un aspect vieilli. Réduites en poudre et mélangées à de la chaux, elles servent à fabriquer un béton léger et lisse.

À quelle altitude attrape-t-on le mal des montagnes ?

Au-delà de 2 500 m

Plus on monte en altitude, plus l'air devient rare et moins il y a d'oxygène à respirer. Ce manque d'oxygène est ce qui cause le mal des montagnes, au-delà de 2 500 m. Les grimpeurs l'éprouvent d'autant plus qu'ils montent haut. Ils sont pris de maux de tête, de nausées, de vertiges ou de grande fatigue.

Pourquoi les lèvres gercent-elles l'hiver ?

Parce qu'elles sont desséchées. Le vent froid dehors, l'air sec des maisons, le rhume qui oblige à respirer par la bouche... sont autant de raisons de dessécher et gercer la peau des lèvres, fragile et fine. Le mauvais réflexe ? Passer sa langue dessus ! En séchant après, les lèvres s'abîment encore plus ! Un peu de stick les protège mieux.

Est-ce qu'on respire mieux au sommet des montagnes ?

Absolument pas ! Plus on monte en altitude et moins il y a d'air, donc moins d'oxygène à respirer. Sur l'Everest, le plus haut sommet du monde, à 8 800 mètres, une inspiration contient trois fois moins d'air qu'une inspiration au bord de la mer ! Les grimpeurs doivent se munir de masques à oxygène. Leur respiration est rendue encore plus difficile par le froid glacial à haute altitude.

Pourquoi a-t-on parfois le vertige sur une **falaise** ?

On souffre dans ce cas de la peur du vide, qu'on appelle aussi acrophobie. Elle se manifeste de différentes façons : on a le vertige, des nausées, les jambes qui flanchent, on est cloué au sol sans pouvoir se relever... C'est une peur difficile à apprivoiser ! Il est possible de faire des séances avec un médecin spécialiste et d'utiliser des techniques de relaxation pour améliorer les choses. Des chercheurs français ont créé un casque de réalité virtuelle, qui reproduit le vide (haut d'immeuble, falaise...), pour aider les patients à vaincre leur acrophobie.

Les **lentilles de contact** sont-elles de la même couleur que les yeux ?

Comment les **radios** peuvent-elles voir à l'intérieur du corps ?

TECHNO

Lorsque le cerveau tourne à plein régime, les bonnes idées naissent à la pelle ! Mets un pied dans l'univers de la technologie, tu vas adorer !

Comment les **radios** peuvent-elles voir à l'intérieur du corps ?

La radiographie fonctionne grâce à des rayons X, des rayons cousins des rayons lumineux, mais qui pénètrent à l'intérieur du corps. L'image qu'on recueille, appelée simplement « radio », montre ce que les rayons X ont traversé : les os apparaissent blancs sur l'image, les organes plutôt en gris. On obtient ainsi une image en noir et blanc de l'intérieur du corps, sans avoir besoin d'opérer. Parfait pour repérer un os cassé ! Cette technique a été inventée par l'Allemand Wilhem Roentgen, en 1895. À l'époque, la radiographie avait un tel succès qu'on organisait des démonstrations comme des séances de cinéma !

Que regarde le médecin avec son **otoscope** *?*

L'intérieur de l'oreille ! L'otoscope ressemble à un mini-entonnoir, équipé d'une loupe et d'une petite lumière. Le médecin met son œil dessus et le pose à l'entrée de l'oreille. Il peut alors examiner en détail le tympan et le conduit auditif de l'oreille. Tous deux servent à transmettre les sons et peuvent parfois être infectés et douloureux (c'est l'otite).

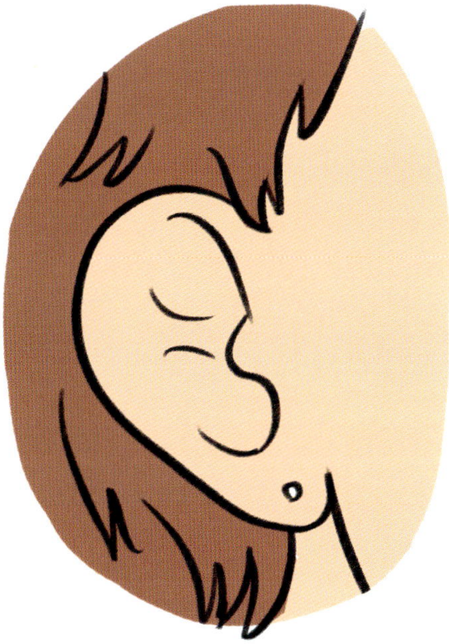

Qu'est-ce qu'un stéthoscope ?

C'est l'instrument utilisé par le médecin pour écouter les bruits du corps. Le petit rond en métal du stéthoscope, qu'on nomme le pavillon, se place sur le corps du patient. Le médecin écoute les bruits, comme les battements du cœur, grâce aux deux écouteurs du stéthoscope placés dans ses oreilles. Cet instrument a été inventé par un médecin français, René Laennec, en 1816.

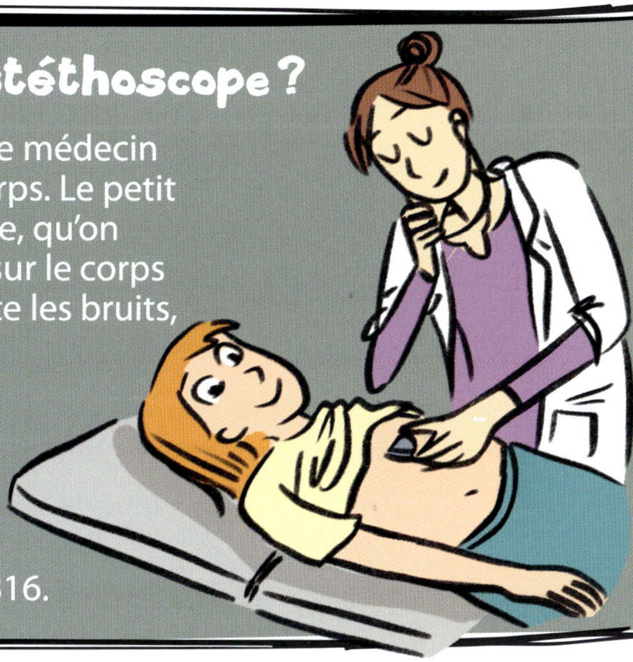

Comment un thermomètre peut-il prendre la température sans toucher le corps ?

Le thermomètre à infrarouge, comme on appelle cet instrument, mesure les rayonnements émis par le corps. Eh oui : le corps envoie autour de lui une sorte de lumière, qu'on ne voit pas à l'œil nu. Un peu comme une lampe lorsqu'elle éclaire. Or le thermomètre sans contact, lui, repère ces rayonnements du corps et en les mesurant, en déduit la température du patient.

Comment l'**anesthésie** endort-elle ?

Un produit anesthésiant plonge le patient dans une sorte de sommeil obligé, au cours duquel il ne ressent plus la douleur. L'anesthésie peut être faite en injectant un produit dans le corps du patient, ou en lui faisant respirer un gaz. L'anesthésie bloque aussi les mouvements des muscles pour éviter un mauvais geste pendant l'opération. C'est pourquoi il faut en plus aider le patient à respirer pendant toute l'anesthésie, grâce à un masque ou avec l'aide d'une machine spéciale, une assistance respiratoire.

Comment la gélule retient le médicament dans la main, mais le libère dans le corps ?

Une gélule est faite d'une coque qui renferme le médicament en poudre. Cette coque, dure et étanche, est fabriquée à partir de gélatine. On peut y ajouter du colorant, parfois même imprimer un nom dessus. La coque de la gélule fond au contact de liquides, comme l'eau : c'est ce qui se passe quand on l'avale. Elle libère alors comme prévu son médicament dans le corps.

Pourquoi pose-t-on un plâtre sur un os cassé ?

Le plâtre maintient l'os parfaitement immobile le temps qu'il se répare, bien droit et aligné. Pour le poser, le médecin enveloppe d'abord le membre cassé dans une chaussette en tissu. Puis il plaque dessus des bandelettes, enduites de plâtre ou de résine spéciale. Il les modèle et les mouille pour sculpter le plâtre. Elles sèchent en quelques heures. Et une fois l'os réparé ? C'est seulement avec une scie (très bruyante !) que le médecin peut couper le plâtre pour le retirer !

Avec quoi fait-on les points pour refermer une plaie ?

Du fil ou des agrafes

Pour attacher ensemble les deux bords d'une plaie, le médecin utilise du fil ou des agrafes. Cette suture, comme on l'appelle, aide à cicatriser et limite l'entrée de saletés ou de microbes dans la plaie. Une fois la plaie refermée, on retire les agrafes ou les fils (certains fils spéciaux, dits résorbables, disparaissent naturellement pendant la cicatrisation).

Qui a inventé la **seringue** *?*

L'idée de la seringue remonte au moins à l'Antiquité. On a d'abord utilisé des roseaux creux pour injecter ou aspirer des produits dans le corps. Ce n'est qu'au 19e siècle qu'on a créé des seringues en métal, puis en verre, équipées de fines aiguilles. Ces seringues servent pour tous les malades à l'époque… et transmettent donc des microbes au passage. Aujourd'hui, les seringues en plastique sont jetables, pour éviter tout risque de contamination.

[TECHNO]

Qu'est-ce qu'une main bionique ?

Une main bionique est une main robotisée, créée pour remplacer une main humaine. Elle est portée par le patient à la place de sa main perdue et elle doit l'aider dans son quotidien. Ces mains robotisées sont équipées de capteurs qui permettent au patient de commander chaque mouvement en contractant ses muscles.

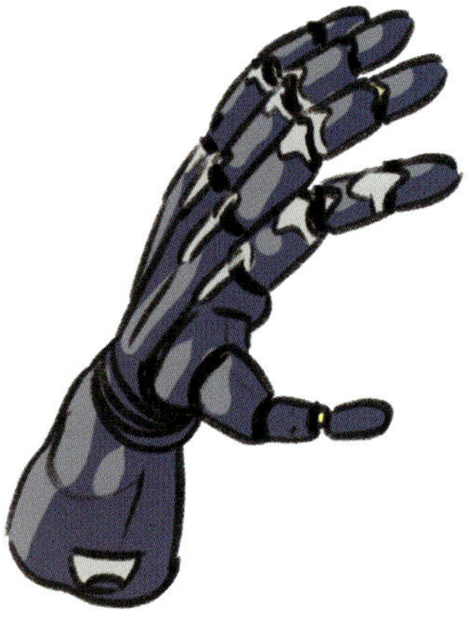

Qu'est-ce qu'un humanoïde ?

Ce mot veut dire « qui ressemble à un humain ». Aujourd'hui, on l'emploie surtout pour désigner des robots qui ressemblent à des humains. Pour être humanoïde, un robot doit donc avoir au moins une tête, des bras, des jambes et tenir debout.

Existe-t-il des chaussures pour marcher plus vite ?

Les bottes de sept lieues n'ont pas été inventées, mais il existe pour les athlètes des baskets qui aident à moins fatiguer les muscles lors d'une course. Et donc, à améliorer sa course ! Un modèle d'une grande marque de baskets a failli être interdit aux J.O. de Tokyo de 2020, accusé de donner un avantage à ceux qui les portaient... Car depuis que des athlètes les utilisent, ils font tomber les records !

Est-ce qu'on peut vivre avec un cœur artificiel ?

Oui !

Même si cela reste compliqué pour le patient qui en a besoin. Il existe maintenant des cœurs artificiels implantés directement dans la poitrine des malades. Le plus souvent, lorsqu'une partie du cœur fonctionne encore, on aide plutôt le malade avec une assistance ventriculaire, une machine spéciale placée à côté de lui.

Existe-t-il des **combinaisons** *pour voler ?*

Oui ! Ce type de combinaison s'appelle une *wingsuit* (en anglais, *wing* veut dire « aile » et *suit* « costume »). Les bras et les jambes de cette combinaison sont reliés au corps par du tissu, comme s'ils étaient palmés. Cela permet au parachutiste qui l'enfile de planer le plus longtemps possible en vol, comme un oiseau. Avant d'ouvrir son parachute pour atterrir en douceur, bien sûr !

Les lentilles de contact sont-elles de la même couleur que les yeux ?

Non !

Les lentilles de contact qui aident à mieux voir, comme le font des lunettes, sont transparentes. On les voit à peine, une fois posées sur l'œil. Il existe néanmoins des lentilles colorées pour changer exprès la couleur de l'œil, comme au cinéma !

Comment les **lunettes** grossissent-elles ?

Quand on voit flou de près ou de loin, c'est que les rayons lumineux qui arrivent sur notre œil sont mal orientés sur la rétine. La rétine ? C'est la couche, au fond de l'œil, sur laquelle se forme l'image de ce qu'on voit. Lorsque l'image est floue, porter des lunettes permet de corriger le chemin pris par les rayons lumineux… et de faire en sorte qu'ils produisent de nouveau une image nette sur la rétine. Bien vu !

Avec quoi sont remplies les **bouteilles** pour respirer sous l'eau ?

Jusqu'à 30 mètres de profondeur, les plongeurs respirent souvent de l'air, comme celui qui nous entoure (mais comprimé dans la bouteille). Certains préfèrent utiliser du Nitrox, un mélange spécial de gaz qui est comme de l'air enrichi en oxygène. Lorsque les plongeurs descendent plus profond, jusqu'à une centaine de mètres, d'autres mélanges de gaz remplissent leurs bouteilles pour éviter les accidents et la fatigue.

Pourquoi les bagues portent-elles ce nom ?

Parce qu'au début du 20e siècle, on posait une vraie bague en métal sur les molaires, pour accrocher dessus le gros fil, lui aussi en métal, qui allait tirer sur les dents et réajuster leur position. Puis, on a inventé de petites attaches que l'on vient coller sur chaque dent, et dans lesquelles passe le fil. Ce sont ces discrètes attaches qu'on utilise aujourd'hui, parfois même avec des fils transparents. Ce ne sont plus des bagues comme autrefois mais le nom est resté pour désigner ces appareils !

Comment le gel hydroalcoolique élimine-t-il les microbes ?

Comme son nom l'indique, le gel hydroalcoolique contient de... l'alcool. Or l'alcool est un désinfectant : il détruit efficacement les bactéries, les virus et les champignons. Pour que ça marche, il faut en mettre suffisamment (une grosse noisette) et bien frotter ses mains, y compris entre les doigts (le gel agira partout). Il est d'un bon secours quand on n'a pas d'eau ni de savon pour nettoyer ses mains. Même si laver ses mains au savon et sous le robinet reste la meilleure des solutions !

Pourquoi fait-on la **bise** pour dire bonjour ?
Pourquoi certains enfants écrivent-ils de la **main gauche** ?
[VIE

QUOTIDIENNE]

En cuisine, à l'école, chez les copains… On se régale à être curieux tous les jours ! Par ici les questions et leurs réponses, qui ne manquent parfois pas de sel !

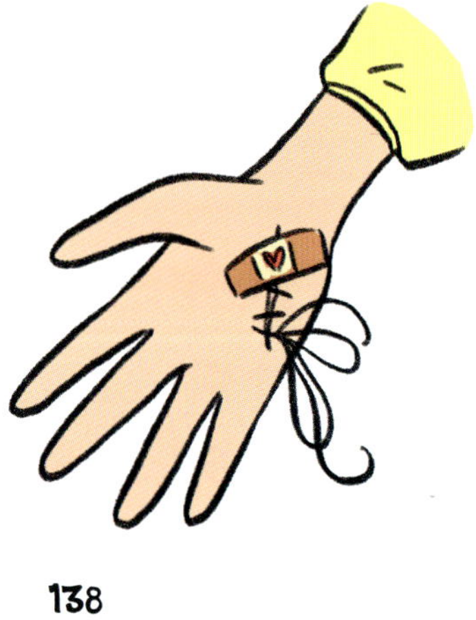

Que faut-il faire pour soigner une **coupure** *?*

Première action : désinfecter la coupure ou, si on n'a rien d'autre, la rincer à l'eau et au savon. Ensuite, si la coupure est légère, la couvrir d'un pansement suffira à la protéger pour une bonne cicatrisation. Si la coupure est profonde, il faut appeler les secours. Et appuyer sur la zone de la plaie si ça saigne beaucoup : ça aidera le sang à arrêter de couler. Peut-être faudra-t-il faire aussi des points de suture pour que la coupure se referme proprement.

Quel numéro appeler si quelqu'un s'évanouit ?

Plusieurs numéros permettent de joindre les secours. Le premier : le 112, valable dans toute l'Europe. En France, tu peux aussi appeler le 15, le numéro du Samu, l'aide médicale d'urgence. Ou enfin composer le 18, le numéro des pompiers. En cas d'urgence donc, fais le 112, ou le 15 ou le 18. Et à partir de 10 ans, on peut se former aux gestes de premiers secours : alors, pourquoi pas toi ?

Que faut-il faire quand on se **brûle** le doigt ?

En cas de brûlure, il faut immédiatement mettre le doigt sous l'eau fraîche (attention, pas de glaçon sur la peau !). Si la brûlure est étendue, qu'elle touche plus de la moitié de la main, que de multiples cloques se forment ou que la peau est très foncée, il faut appeler les secours. Dans le cas d'une brûlure plus légère, il faut laisser le doigt sous l'eau jusqu'à ce que la douleur disparaisse, puis protéger la zone rouge par un pansement. Il ne faut pas appliquer de produits dessus, même gras. Le mieux est de demander l'avis d'un médecin qui pourra conseiller un éventuel traitement si besoin.

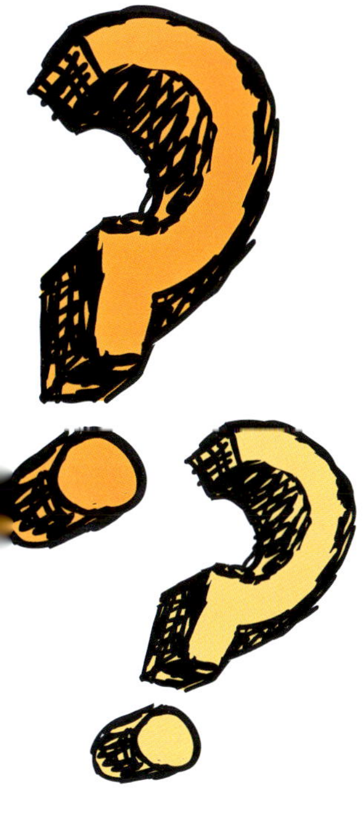

Pourquoi faut-il s'allonger sur le sol en cas d'incendie si on ne peut pas s'enfuir ?

Parce qu'on y respire mieux ! Le feu, lorsqu'il brûle, dégage des fumées et des gaz toxiques. Ces fumées montent vers le plafond tandis que l'air plus frais et plus respirable reste près du sol. En cas d'incendie, après avoir appelé les secours, si on ne peut pas quitter la pièce, il faut donc autant que possible s'allonger au sol, se couvrir le visage d'un linge humide et boucher les ouvertures (le dessous des portes, des fenêtres...).

[VIE QUOTIDIENNE]

Manger de la **soupe** *fait-il grandir ?*

C'est ce que racontent les parents à leurs enfants lorsqu'ils font la grimace devant leur assiette... Mais la soupe ne fait pas plus grandir qu'un autre aliment ! Ce qui est vrai, c'est que la soupe est bonne pour la santé : elle est riche en légumes qui contiennent des vitamines pour être en pleine forme, et des fibres pour bien digérer. En plus il y a beaucoup d'eau dans la soupe : en boire permet de bien hydrater le corps. Et pour peu que tu ajoutes quelques croûtons ou du fromage râpé dessus, la soupe devient un bon repas complet. Miam !

Le poisson est-il bon pour la mémoire?

Certains poissons gras comme la truite, le saumon, le maquereau... contiennent ce qu'on appelle des oméga-3, des produits qui aident au bon fonctionnement du cerveau et de la mémoire. En consommer une fois par semaine permet de profiter de ces avantages. Inutile d'en mettre à tous les repas, car les poissons sont aussi touchés, malheureusement, par la pollution (plastiques, métaux...). D'autres ingrédients sont bons pour la mémoire : les noix, les amandes, l'huile de lin ou de colza... À choisir selon tes goûts !

Est-ce que sucer son pouce fait avancer les dents ?

Sucer son pouce, ses doigts ou une tétine oblige la langue à se placer très bas dans la bouche, alors qu'elle vient se caler naturellement contre le palais sans cette habitude. Du coup, la mâchoire se développe mal et la langue pousse sur les dents de devant, qui avancent. Allez, un petit effort, on grandit, fini le pouce !

Les carottes rendent-elles aimable ?

Pas particulièrement, même si on le dit souvent ! N'empêche : dans les carottes, on trouve des pigments, les caroténoïdes, qui sont bons pour la santé. En plus de donner à ce légume sa belle couleur orange, les caroténoïdes aident à protéger la vue et à lutter contre le vieillissement. Ce n'est pas tout : riches en fibres, les carottes sont rassasiantes et facilitent la digestion (elles sont recommandées en cas de gastro par exemple). Enfin, elles apportent une bonne dose de vitamines, A surtout, utiles pour rester en forme.

Est-ce que manger ses ongles donne mal au ventre ?

Non !

Les ongles, une fois avalés, sont digérés par le ventre comme le reste de la nourriture. Mais sous les ongles, il se glisse toujours des saletés et des microbes qu'il vaut mieux éviter d'ingérer. En plus, des ongles très rongés protègent mal le bout des doigts. Stop !

[VIE QUOTIDIENNE]

Est-ce que les **poux** sautent d'une tête à l'autre à l'école ?

Non ! Les poux ne sont pas comme des puces, ils ne savent pas sauter. Ils ne volent pas non plus. Ils marchent, en revanche, et peuvent passer d'une tête à l'autre lorsque les cheveux de deux enfants sont très près l'un de l'autre. Mieux vaut donc attacher ses cheveux longs à l'école pour essayer de les éviter (on n'a pas de preuves qu'ils peuvent s'échanger par les vêtements). Se laver les cheveux ne suffit pas à les chasser : ils résistent à l'eau et au savon ! Il faut utiliser des shampooings spéciaux pour y arriver.

A-t-on de meilleures notes si on va à l'école à vélo ?

Oui ! Des scientifiques anglais ont prouvé que faire du vélo ou marcher pour aller à l'école aide à être mieux concentré en classe et plus calme, donc à travailler mieux. D'ailleurs, faire au moins 30 minutes d'activité physique par jour permet d'être plus efficace sur ses cahiers et ses livres. C'est tellement vrai que certains professeurs n'hésitent pas à faire bouger leurs élèves 5 minutes toutes les heures : ils sautent, ils battent des bras, ils plient les jambes... Et ça repart pour une leçon ou des exercices !

Ça veut dire quoi être un élève **dyslexique** *?*

Un élève dyslexique a des difficultés à lire, et parfois à écrire, les mots. À l'école, il a plus de mal à apprendre que les autres élèves. C'est comme si sa mémoire n'arrivait pas à bien associer ensemble les sons des mots, leur écriture, et parfois leur sens. On ne sait pas exactement ce qui cause la dyslexie. On estime que 5 enfants sur 100 sont dyslexiques aujourd'hui. Les élèves qui en souffrent ont besoin d'être aidés (ils peuvent utiliser des livres spéciaux, des applications...).

Pour apprendre une leçon, faut-il la copier ou l'entendre ?

Ça dépend

Notre mémoire utilise à la fois des images, des sons, des sensations... pour retenir des informations. Voir une leçon en la copiant ou l'écouter aident donc à l'apprendre. Pour certaines personnes, les images seront plus efficaces pour garder des souvenirs. Pour d'autres, ce sera le son. Il n'existe pas de recette unique. À toi de voir ce qui marche le mieux pour toi !

Pourquoi certains enfants écrivent-ils de la main gauche ?

On n'en sait rien du tout ! Dans le monde, environ 1 personne sur 10 est gauchère. C'est-à-dire qu'elle va naturellement préférer prendre des objets, écrire, faire des gestes... avec sa main gauche. Ce qui peut être gênant, c'est que beaucoup d'outils, comme les ciseaux, sont faits pour les droitiers. Mais dans certains sports, le ping-pong et l'escrime notamment, les gauchers ont l'avantage et gagnent plus de médailles !

Est-ce que le chewing-gum évite la mauvaise haleine?

Mâcher un chewing-gum fait saliver: ça tombe bien, la salive aide à nettoyer la bouche des microbes responsables de la mauvaise haleine. Le chewing-gum (sans sucre, sinon gare aux caries!) ne suffit pas pour autant: pour garder une bonne haleine, il faut bien se brosser les dents, notamment le soir, faire détartrer ses dents chez le dentiste une fois par an et éviter les aliments forts comme l'ail, l'oignon ou les fromages.

Pourquoi le **bain** *fait-il friper les doigts?*

Pas de panique! L'eau ne rentre pas dans la peau des doigts et des orteils quand on fait trempette dans son bain... Que se passe-t-il alors? Quand on reste longtemps dans l'eau, les petits vaisseaux sanguins des extrémités des mains et des pieds se contractent: ils prennent moins de place sous la peau, ce qui crée des plis dessus. On ne sait pas bien pourquoi cela se produit mais les scientifiques pensent que ces plis sur les pieds et les mains pourraient aider à mieux saisir les objets ou à ne pas glisser quand on est mouillé.

Au bout de combien de temps faut-il changer sa brosse à dents?

3 mois

C'est le temps d'utilisation recommandé pour une brosse à dents. L'important est de la renouveler dès que ses poils sont abîmés ou tordus: elle devient alors moins efficace pour éliminer les saletés sur les dents. Sans oublier les microbes qui s'accumulent sur la brosse avec le temps (si elle est tombée par terre, c'est pire!) et qui nécessitent de la changer régulièrement.

Y a-t-il des colorants dans les **piscines** pour alerter en cas de pipi ?

Non ! Même si on le dit parfois aux nageurs pour les effrayer un peu et surtout les inciter à respecter de bonnes règles d'hygiène. Car faire pipi dans l'eau de la piscine, c'est vraiment très sale ! On avale tous un peu de l'eau de la piscine quand on nage, qu'on s'éclabousse, qu'on boit la tasse... En plus, l'urine réagit avec les désinfectants mis exprès dans l'eau : cela forme des produits qui peuvent irriter les yeux ou faire tousser, bref, rien de bon pour la santé ! Alors pour nager vraiment dans le bonheur à la piscine, on fait pipi aux toilettes.

Faut-il boire du lait quand on a des taches blanches sur les ongles ?

Les taches blanches sur les ongles ne sont pas liées à l'alimentation ! Elles se forment souvent quand le dessous de l'ongle, la peau à laquelle il est accroché, a été blessé (un coup dessus par exemple) ou attaqué par un microbe. En général, cette tache blanche disparaît avec la pousse de l'ongle. Sinon, il ne faut pas hésiter à demander l'avis de son médecin.

Pourquoi les **oignons** font-ils pleurer ?

Quand on coupe les oignons, il s'en échappe un gaz souffré qu'on ne voit pas, et qui donne leur odeur typique à ces légumes. Ce gaz monte jusqu'aux yeux et là, réagit illico avec les larmes qui protègent les yeux : un nouveau gaz se forme, très irritant celui-ci. Ça pique, on pleure ! Problème : pour se défendre et se rincer, les yeux produisent par réflexe plus de larmes... Du coup, c'est encore pire ! Pour éviter ça, tu peux couper tes oignons dans l'eau... ou t'équiper d'un masque de plongée !

Pourquoi le pipi sent-il mauvais quand on mange des asperges ?

Les asperges renferment naturellement de l'acide asparagusique, qu'on ne trouve que dans les asperges, justement. Lorsqu'on mange ce légume, cet acide (il n'est pas dangereux, pas de panique !) est transformé pendant la digestion. Ce sont les déchets de cet acide digéré qui donnent à l'urine cette odeur souffrée et typique d'œuf pourri. Ça ne dure pas et ça n'empêche pas les asperges, avec leur vitamine B et leurs fibres, d'être bonnes pour la santé !

Sur quelle plante pousse le sucre ?

Le sucre en poudre est souvent du sucre de betterave : on extrait en effet du sucre de la racine de cette plante, très cultivée dans le nord de la France, et cousine des betteraves rouges que tu manges en salade. Le sucre peut aussi être issu de la canne à sucre, une plante à longue tige cultivée sous des climats tropicaux comme celui de La Réunion. Enfin, il existe d'autres plantes dont on extrait du sucre, comme le cocotier des climats chauds. Dans ce cas, on récolte la sève des fleurs de coco, puis on la sèche pour obtenir des cristaux de sucre.

Pourquoi un **dessert** *fait-il plus envie que du poisson ?*

Parce qu'un dessert est, a priori, sucré ! C'est le goût que tout le monde préfère. Normal, après tout : notre cerveau a besoin de sucre pour fonctionner. Mais le sucre lui apporte en plus une sensation de plaisir. Car il active dans le cerveau ce qu'on apelle le circuit de la récompense. Du coup, on aime tellement ça qu'on a envle d'en manger encore. C'est là le problème : on devient accro au sucre, on en mange trop. Et cela peut causer des caries et des problèmes de santé.

Qu'est-ce qui donne leur couleur rouge aux yaourts à la fraise ?

La betterave

Peut-être fais-tu la grimace quand on te propose des betteraves en salade... Sache que tu en manges sans doute sans le savoir dans les desserts comme les yaourts ou les glaces à la fraise, à la framboise, aux fruits rouges... Eh oui : pour renforcer la couleur de ces préparations, on y ajoute quelques pincées de poudre de betterave, un puissant colorant rouge. Amuse-toi à le repérer sur tes aliments : son nom de code, c'est E162 !

Peut-on manger des **algues** en salade ?

Oui bien sûr ! Il existe plusieurs espèces d'algues, vertes ou brunes, qu'on peut manger crues. C'est le cas de l'algue wakamé (verte) par exemple, de la dulse (brune) ou encore de la laitue de mer (verte). Souvent, ces algues s'achètent déshydratées, autrement dit séchées, et on les trempe dans l'eau avant de les manger comme si on venait de les cueillir… en mer !

La menthe refroidit-elle la langue ?

Non !

La menthe trompe le cerveau avec une fausse impression de fraîcheur ! Cette plante contient en effet du menthol, une substance naturelle qui agit sur les petits détecteurs du goût dans la bouche. Lorsque ces détecteurs sont touchés par le menthol, ils envoient un signal au cerveau qui veut dire : « c'est froid » ! Alors que la température dans la bouche n'a pas baissé !

D'où viennent les petits poils sur la peau de certains fromages ?

Ces petits poils sont des moisissures et des champignons microscopiques. Beurk ? Non, pas beurk ! Ils ne sont ni dégoûtants ni dangereux pour ta santé, mais au contraire très utiles au fromage. Ces moisissures forment en général la croûte du fromage, qui le protège de l'extérieur. Ils permettent le bon vieillissement du fromage et lui donnent son goût typique... comme son odeur !

Qu'est-ce que les légumineuses ?

On parle de légumineuses (on dit aussi légumes secs) pour désigner des graines telles que les lentilles, les pois secs, les haricots secs... Les légumineuses sont riches en protéines, qui participent à la bonne construction des muscles. Ce sont aussi des graines qui renferment des fibres, qui aident à bien digérer, et des sucres, qui donnent de l'énergie.

Trouve-t-on les mêmes **vitamines** *dans la fraise et le kiwi ?*

Oui, en partie ! Le kiwi est un champion de la vitamine C. Il en contient deux fois plus qu'une orange à poids égal ! 100 g de fraises renferment, eux, autant de vitamine C que 100 g d'orange. Mais on trouve aussi des vitamines différentes dans ces fruits : de la vitamine K1 pour le kiwi, des vitamines B9 dans les fraises. La bonne idée, avec les fruits frais, c'est donc d'en manger tous les jours, de toutes les couleurs, pour profiter de toutes les vitamines !

Quel est le **piment** le plus fort du monde ?

C'est le Pepper X. Pour estimer sa force, on utilise une mesure particulière, inventée en 1912 par le pharmacien américain Wilbur Scoville. Son idée ? Plus un piment est fort, plus il faut ajouter d'eau à sa chair écrasée pour atténuer la sensation de brûlure. Le poivron, par exemple, qui est un piment très doux, a un score de 0 sur l'échelle de Scoville. Le piment d'Espelette, en revanche, s'affiche déjà entre 1 000 et 3 000. Et le Pepper X ? Il atteint plus de 3 000 000 ! Mieux vaut éviter de le toucher à mains nues, il brûle la peau !

Qu'y a-t-il dans les bulles du soda ?

Du gaz

Les bulles du soda sont du gaz piégé dans le liquide de la canette ou de la bouteille. Lorsqu'on boit le soda, ces bulles éclatent sur la langue et provoquent une légère sensation de brûlure (sans danger), de picotement. C'est cela qui donne au soda son effet pétillant ! Pschitt !

Pourquoi le **fromage** sent-il mauvais ?

Pour fabriquer du fromage, on ajoute dans le lait des bactéries (elles ne sont pas dangereuses). Ces bactéries réagissent avec le lait, qui fermente : il devient une pâte, le fromage, et son goût se forme. Les odeurs qui vont avec s'affirment quand le fromage vieillit et qu'on laisse des moisissures s'installer dessus. Comme les bactéries, en se multipliant, elles donnent son parfum au fromage !

Pourquoi la petite souris passe-t-elle quand on perd ses dents ?

C'est une tradition, dans de nombreux pays européens, comme la France, dont on ne connaît pas bien l'origine. Certains pensent que cela viendrait d'un conte français, *La bonne petite souris*, écrit par la baronne d'Aulnoy, au 17e siècle. Mais dans d'autres pays, comme l'Allemagne ou le Canada, c'est la Fée des dents qui passe lorsqu'un enfant perd une dent de lait.
Dans tous les cas, on trouve généralement une pièce en échange de la dent tombée... à condition que les dents soient bien brossées paraît-il !

Pourquoi met-on des bougies sur un gâteau d'anniversaire ?

Souffler les bougies sur son gâteau est une tradition qui remonte au moins au 19e siècle. Le célèbre poète allemand Goethe est le premier à le raconter ! Mais il semble que l'idée de lumières pour fêter la naissance soit plus ancienne. Dans l'Antiquité, en effet, les Grecs allumaient déjà des cierges dans leurs temples pour honorer le temps qui passe et Artémis, leur déesse de la Lune.

Aller chez le coiffeur souvent aide-t-il à faire pousser les cheveux ?

Non ! Couper les cheveux n'a aucun effet sur la vitesse à laquelle ils poussent. Ils grandissent en général d'environ 1 cm par mois (ça varie un peu selon les gens). C'est à partir du follicule pileux, une mini poche située dans la peau, que se fait la pousse. Un cheveu reste pendant 3 à 6 ans sur la tête avant de tomber.

Pourquoi fait-on la **bise** *pour dire bonjour ?*

Faire la bise est un code utilisé entre les gens pour se saluer, comme le check, la révérence, la poignée de main... Selon les pays et les époques, la façon de se saluer change. La bise est une vieille tradition qui existait déjà en Europe à l'Antiquité. Ce n'est pas une façon de saluer qu'on utilise avec tout le monde, mais qu'on réserve aux gens qui font partie de son cercle de connaissances (famille et amis notamment).

Qu'indiquent les nombres 38 ou 42 sur une robe ?

Des tailles

Ces nombres correspondent à la mesure, en centimètres, de la moitié du tour de poitrine (sous les seins). Sur d'autres vêtements, comme les chemises hommes, on utilise d'autres tailles en mesurant le tour de cou. Quand on est un enfant, c'est plus facile : la taille des habits correspond à l'âge !

Pourquoi voit-on des objets dans les formes des **nuages** ?

Parce que le cerveau cherche tout le temps à comparer ce qu'on voit à quelque chose qu'il a déjà en mémoire : c'est un moyen pour lui d'essayer de comprendre le plus vite possible la situation, de reconnaître des gens, des objets et d'être efficace pour bien réagir. Du coup, lorsque le cerveau voit une tache de peinture ou un nuage, il a tendance à trouver dedans des formes familières. On appelle ce phénomène la paréidolie. C'est pour ça qu'on croit voir un visage, un mouton, une maison... dans les nuages ! Et c'est trop chouette !

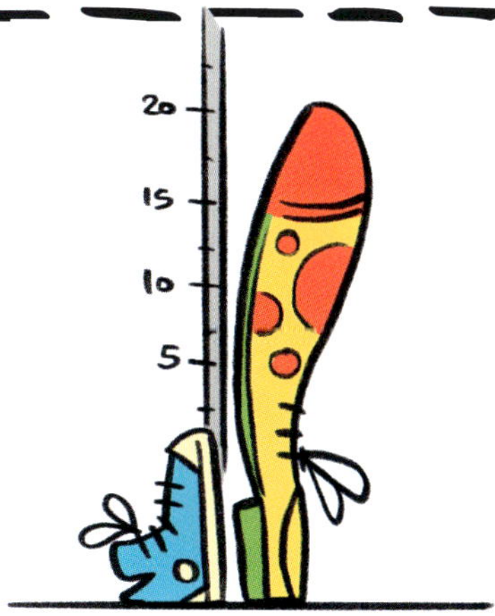

Comment mesure-t-on la taille des chaussures ?

Le nombre qui figure sous tes chaussures n'est pas la longueur de tes pieds en centimètres ! Les pointures, qui vont de 17 à 48 en France, correspondent à des tailles de chaussures en points de Paris, une vieille mesure utilisée par les bottiers au 18e siècle ! Tu veux retrouver la vraie longueur de ton pied ? Multiplie ta pointure par 0,66 et enlève 1 !

L'INDEX

A...

B...

C...

D...

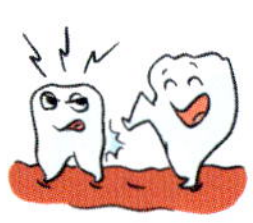

E…

F…

G…

H…

I…

J…

K…

L…

M…

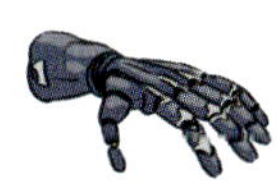

N...

O...

P...

R...

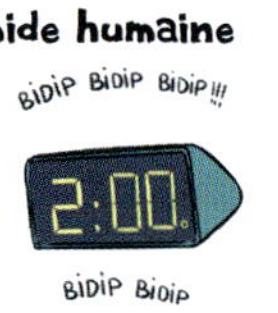

S…

T…

U…

V…

Y…

Z…

ANTI-RAGE
MAL DE TERRE TABS
YOU WIN
112
LAIT